ミサコばあちゃん直伝！

旬の野菜

カンタン・おいしく
食べるコツ

野菜ソムリエ
銀座『Veggie』オーナーシェフ
大熊 美佐子［著］

東京堂出版

〈パート1〉香り高い旬の味を楽しむ 春の野菜レシピ

春キャベツと鶏肉のさっぱりゴイ

▶ レシピは p22

店内は、どこからでも厨房にいる大熊さんの姿が見える、アットホームなつくりになっている。

たけのこご飯

▶ レシピは p.33

新玉ねぎと鶏肉の卵とじ

▶ レシピは p.26

〈パート2〉
色あざやかで栄養満点な

夏の野菜レシピ

パプリカの
ベトナム風マリネ

▶ レシピは *p.85*

トマトの肉詰め

▶ レシピは *p.50*

バインセオ（ベトナムのお好み焼き）

▶ レシピは *p.58*

ズッキーニのオーブン焼き

▶ レシピは *p.79*

〈パート3〉
土の恵みをしっかり味わう

秋の野菜レシピ

聖護院かぶのクリーム煮

▶ レシピは p.116

鬼まんじゅう

▶ レシピは p.128

とうもろこしの
ベトナム風揚げ

▶ レシピは p.140

〈パート4〉

からだが芯から温まる

冬の野菜レシピ

青菜のにんにく炒め

▶ レシピは *p.184*

温野菜の盛り合わせ

▶ レシピは *p.170*

野菜たっぷり白菜鍋

▶ レシピは p.174

ベトナム風ゆでキャベツ

▶ レシピは p.157

落ちつきのある隠れ家的なお店で、
人気となっている。

〈はじめに〉

年齢を重ねるにつれ、野菜が好きに！

「60歳になったのだから、好きなことをやらせてもらいます」

夫にそう言って、野菜をいっぱい使った料理の店〝Vegg·ie（ベジー）〟を開いてから、6年がたちました。野菜をたっぷり食べることを楽しみに、毎日お客さんが来てくれる――。それだけで、本当にこの店をはじめてよかったなぁと思います。

〝Vegg·ie〟をはじめる前は、普通の主婦でした。愛知県名古屋市に生まれ、母と祖母が野菜を好きだったためか、わたしも根っからの野菜好き。東京へ嫁いでみたら、なんと義母も野菜好き。10人家族の台所に立つようになりましたが、大鍋で料理を作るのはいつも楽しく、つらいと思ったことはありませんでした。

◆ベトナム料理に出合って、開店を決意

40代でフラワーアレンジメントを習い、その先生に韓国料理も教わり、夫が日本酒好きなので、52歳からは懐石《かいせき》料理も学びました。さらに、53歳で習いはじめたのが水泳です。それまでは、まったく泳げなかったのですが、海外の遠泳の大会に参加するまでになりました。そこで、出合ったのが、ベトナム料理です。そのおいしさにすっかり感動したわたしは、日本に帰ってすぐ、ベトナム料理研究家の伊藤忍《いとうしのぶ》先生に学ぶようになりました。

気がつけば60歳、やりたいことに挑戦するのは、これが最後のチャンスかもしれないと、大好きな野菜をいっぱい使った店を開く決意をし、知識を深めるために野菜ソムリエの資格の勉強もはじめました。61歳で開店し、資格も取得しましたが、いまでも、学べば学ぶほど、野菜のおいしさに魅せられる毎日です。

その一方で、本当は食べたいのだけれど、実際にはいそがしかったり、どう食べたらいいのかわからなかったりして、気になりつつも野菜不足になっている人が多いことも知りました。

そこで、この本では、わたしがこれまでの人生で学んできた、野菜をおいしくたっぷり食べるコツ、野菜の選び方や下処理、保存の方法、簡単に作れるレシピなどを紹介しています。この本をきっかけに、野菜がより身近なものになり、いっぱい食べる人が増えてくれれば、うれしいかぎりです。

野菜ソムリエの店〝Veggie〟オーナーシェフ　大熊美佐子

ミサコばあちゃん直伝！ 旬の野菜 カンタン・おいしく食べるコツ――もくじ

〈パート2〉夏の野菜

〈パート3〉秋の野菜

〈パート4〉冬の野菜

協力／Yukiyo
文／堀洋子
デザイン／山崎康子
イラスト／岡澤香寿美
写真／山下千絵

※本書で紹介している野菜の旬は、日本野菜ソムリエ協会が公表している「旬の野菜リスト」をもとにし、一部リストにない野菜は、独自に調べた時期を紹介しています。
※保存の欄にある「袋」とは、ビニール袋を意味しています。また、紹介している保存方法は、カットしていない野菜のものです。

〈パート1〉

春の野菜

春キャベツ

やわらかいので生でもたっぷり食べられる

旬　：3月
保存：袋に入れて野菜室

おいしさのポイント

春は夏や冬にくらべると、旬の野菜が少ない時期です。気温が上がってくると、生野菜をおいしく感じるようになりますが、生で食べられる野菜は少なく、とくに、葉物がほとんどない時期でもあります。

そんななか、生でおいしく食べられるのが、春キャベツです。

春キャベツとは、春に採《と》れるキャベツのことです。冬キャベツにくらべると、葉の巻きがゆるくてやわらかいといった特徴があります。そのため、生でもたくさんの量をおいしく食べられるのです。

キャベツはベトナムにもあって、家庭料理でもよく使われています。

ベトナムでは、和《あ》え物のことを「ゴイ」といいますが、わたしの店〝Vegg・ie（ベジー）〟では、「春キャベツと鶏肉のゴイ」というメニューを出しています。ベトナム風の味つけで、とてもさっぱりしているので、キャベツがたっぷり食べられます。

キャベツの千切りも食感がよいのですが、薄切りにした新玉ねぎやアクを抜いて千切りにしたうどなど、ほかの春野菜を入れたサラダもおいしいものです。サラダにいろいろな野菜を使うと、色あざやかになり、食感にも変化が出て、よりたくさんの量を食べやすくなります。足りない栄養を補い合うこともできるので、単品だけで食べるよりいいですね。

ドレッシングは、ぜひベトナムで定番の「ヌクチャム」（23ページ参照）という調味料を試してみてください。

ベトナムの魚醤《ぎょしょう》「ヌクマム」に、レモン汁や砂糖を加えて作るヌクチャムは、油を使っていないので、とてもあっさりしていて、野菜の味をぐっと引き立たせてくれます。ベトナムでは各家庭ごとに作られている、いわば「わが家の味」。分量を変えれば、自分の好みの味にアレンジできるので、酸味が好きな人はレモン汁の量を増やすなど、調節してみるといいでしょう。

◆胃の粘膜を保護するビタミンUが豊富

キャベツは、ビタミンCが豊富な野菜です。成人女性はビタミンCを1日に100㎎摂《と》ることが推奨《すいしょう》されていますが、大きめのキャベツの葉なら、わずか2枚でこれに達します。

ビタミンCは、からだの酸化《さんか》を防《ふせ》いで風邪などの感染症にかかりにくくしてくれたり、疲労やストレスを軽減してくれたりする、欠かすことのできない栄養素です。ただ、ビタミンCは熱に弱く、水に溶《と》けやすい性質があります。その点、春キャベツなら生でたっぷり食べられます。

また、キャベツならではの栄養に、ビタミンUがあります。これは、キャベツから見つかった成分なので「キャベジン」とも呼ばれます。胃腸薬《いちょうやく》のコマーシャルで、その名前を聞いたことのある人も多いのではないでしょうか。

ビタミンUは、胃の粘膜《ねんまく》を修復《しゅうふく》してくれるので、胃炎《いえん》や潰瘍《かいよう》の回復にも効果があるといわれています。ビタミンCと同じく、熱に弱く水に溶けやすいので、やはり生で食べるのがおすすめです。

使い方のポイント

冬キャベツは重みのあるものがいいのですが、重い春キャベツは、育ちすぎで葉が固いことがあります。春キャベツを選ぶときは、葉の緑色が濃く、張りのあるものを選びましょう。底部分の丸い芯《しん》の切り口が、白くしっかりしているものが新鮮です。

保存は、「ビニール袋に入れて野菜室へ」が基本です。切り口から鮮度が落ちてくるので、なるべく早く使い切ってしまいましょう。

とはいえ、キャベツを買ったはいいけど、もてあましてしまうという話もよく聞きます。そんなときは、浅漬けにすると、毎食でもおいしく食べられます。

春らしく、きゅうりやにんじん、あればパプリカなどを入れて、彩《いろど》りよく作ってみましょう。ざく切りにしたキャベツと乱切りにしたほかの野菜をビニール袋に入れて、塩小さじ2分の1を加えて軽くもむだけなので、ほとんど時間もかかりません。

塩の代わりに、塩麹《しおこうじ》を使うのもおすすめです。塩麹とは、お酒を作るときに出る麹に塩と水を加え、一週間ほど常温で発酵《はっこう》させたものです。これを入れると浅漬けにコクが出て、とてもおいしくなります。

レシピ（2人前）

春キャベツと鶏肉のさっぱりゴイ

【材料】

- 春キャベツ：1/4個　●にんにく：1片　●ごま：適量
- にんじん：1/4本　●鶏むね肉：50g　●大葉：4枚
- きゅうり：1/2本　●ヌクチャム：適量　A｛こしょう：少々／ヌクマム：小さじ1/2
- 玉ねぎ：1/4個　●ピーナッツ：適量

【作り方】

① 春キャベツとにんじん、きゅうりは千切りにして、塩をひとつまみまぶし、しんなりしたらしっかり絞る。玉ねぎは薄切りにして塩をひとつまみまぶし、しんなりしたら水洗いして水気を絞る。

② サラダ油とみじん切りにしたにんにくを中火にかけ、少し色づいたら耐熱容器に移す。

③ 鶏むね肉をゆでて、皮は千切りに、身は食べやすい大きさに裂き、Aで下味をつける。

④ ボウルに①、②、③とヌクチャムを入れてよく和える。器に盛り、砕いたピーナッツ、ごま、千切りにした大葉をのせる。

春キャベツの塩麹浅漬け

【材料】
- 春キャベツ：1/4個
- きゅうり：1本
- にんじん：1/3本
- 塩麹：大さじ1〜2

【作り方】
① 春キャベツはざく切り、きゅうり、にんじんは乱切りにする。
② ビニール袋に①と塩麹を入れてもみ、冷蔵庫で30分ほど冷やす。

菜時記

❖野菜によく合う「ヌクチャム」

ヌクチャムは、次の材料を混ぜて作りますが、好みで分量を調節してください。
- レモン汁：大さじ1
- ヌクマム：大さじ1
- 砂糖：大さじ1
- にんにく：1/2片
- 赤唐辛子：1/4本
- 湯：大さじ1

赤唐辛子は、種を取ってみじん切りにしてください。

店では、「フーコック」というメーカーのヌクマムを使っていますが、ヌクマムが手に入らない場合は、タイ料理で使われる調味料・ナンプラーでも構いません。

新玉ねぎ（しんたまねぎ）

血液をサラサラにしてくれる、春を代表する健康野菜

旬　：5月〜7月
保存：風通しのいい日陰

おいしさのポイント

春になると、「新物《しんもの》」と呼ばれる野菜が出回るようになります。「新物」とは、早く収穫された野菜のことで、品種は普通のものと同じです。

新玉ねぎも、春のごく短いあいだだけ楽しめる、旬の野菜のひとつ。頭の部分が、見るからにやわらかそうな薄緑色をしています。新玉ねぎは、普通の玉ねぎにくらべて辛味が少ないのが特徴です。やわらかくて、みずみずしいので、生のままでもたっぷり食べることができます。玉ねぎは、血液をサラサラにする効能や、免疫力《めんえきりょく》を高める作用があることで知られています。サラダに入れたり、和《あ》え物に加えたりして、たくさん食べましょう。

また、新玉ねぎはやわらかいので、火の通りが早く、炒《いた》めても煮ても、短い調理時間で甘味がよく出ます。生の玉ねぎが苦手という人は、少し炒めるだけでも食べやすくなります。

使い方のポイント

玉ねぎの辛さが苦手という人もいますが、じつはその辛さにこそ、健康によい成分が含まれています。

水にさらしすぎると、辛さは少なくなりますが、せっかくの栄養分も水に溶《と》け出してしいます。薄切りしたらザルに入れ、ちょっと流水をかけるだけで十分。新玉ねぎであれば、ほんとうは水にさらさなくてもいいくらいです。水にさらしたら、キッチンペーパーなどで、しっかり水気を取りましょう。

玉ねぎには、赤紫色をしたレッドオニオンという種類もあります。普通の玉ねぎより辛味が少なくて、むしろ、甘いくらいです。これなら子どもでも、よろこんで食べてくれるのではないでしょうか。

レシピ（2人前）

新玉ねぎと鶏肉の卵とじ

【材料】
- 新玉ねぎ：1個
- 鶏もも肉：100g
- さやえんどう：1パック
- 卵：2個

A
だし汁：200㎖
しょうゆ：大さじ½
塩：少々
みりん：大さじ½

【作り方】
① 新玉ねぎは、1㎝幅に切る。
② 鶏もも肉はひと口大に切り、さやえんどうのすじは取っておく。
③ Aを煮立て、①と②を入れる。鶏もも肉に火が通ったら、卵を回し入れる。

新玉ねぎの焼サラダ

【材料】

- ●新玉ねぎ：1個
- ●しょうゆ：大さじ1
- ●酢：大さじ1
- ●かつおぶし：適量
- ●ごま：適量
- ●もみのり：適量

【作り方】

① 新玉ねぎを薄く輪切りにしてサラダ油でさっと炒め、しょうゆ、酢を回し入れる。

② ①を器に盛り、かつおぶし、ごま、もみのりをかける。

新玉ねぎと春雨のサラダ

【材料】

- ●新玉ねぎ：¼個
- ●きゅうり：½本
- ●緑豆春雨：40g
- ●エビ：4尾
- ●ヌクチャム：適量
- ●ピーナッツ：適量
- ●パクチー：適量

【作り方】

① 新玉ねぎは薄切り、きゅうりは千切り、緑豆春雨は水で戻してからゆでて、よく洗い、食べやすい長さに切る。

② エビは背ワタを取ってゆで、殻をむいて半分の厚みに切る。

③ ①、②にヌクチャムを加えてよく混ぜる。器に盛り、砕いたピーナッツ、パクチーをのせる。

たけのこ

1本あれば何品でも作れる便利な野菜

旬　：4月～5月
保存：下処理をして冷蔵庫

おいしさのポイント

しゃきっとした独特《どくとく》の食感に、うま味がぎゅっと詰《つ》まったたけのこは、春の食卓に欠かせない野菜です。水煮したたけのこは一年じゅう手に入りますが、ぜひいちど、生のものを自分で下処理して食べてみてください。新鮮な風味におどろくことでしょう。

たけのこは、上の部分と下の部分では固さがちがいます。調理の方法を変えると、1本から何品も作れて、たっぷりとおいしく食べられます。

〃Veggie〃では、上のやわらかい部分は8等分のくし切りにして煮物に、下の固い部分は千切りにしてベトナム風の和《あ》え物（ゴイ）にしています。

野菜をたっぷり使った和え物が多いのは、日本料理でもベトナム料理でも同じです。たけのことエビのゴイや、たけのこと豚肉のゴイなど、たけのこを使ったゴイもよく食べられています。

煮物は、だし汁と砂糖、薄口しょうゆ、酒で煮ます。ただし、味つけを濃くしてしまうと、たけのこの風味がなくなってしまいます。

たけのこにかぎらず、煮物は野菜本来の味を楽しめるよう薄味にするのが、野菜をおいしく食べるコツです。

◆食物繊維が豊富で、疲労回復効果もあり

たけのこには、血圧を下げてくれるカリウムや、骨を作るときに働くマンガンといったミネラルが含まれています。食物繊維《しょくもつせんい》が豊富なので、とくに女性にはうれしい野菜です。

また、たけのこにはアスパラガスから見つかったアスパラギン酸といううま味成分も多く含まれています。アスパラギン酸は、スタミナをつけたり、からだの代謝《たいしゃ》や疲労の回復力を高めたりしてくれるので、運動をしている子どもにもおすすめです。

子どもたちは炊きこみご飯が大好きです。わたしも娘たちが小さかったころは、たけのこご飯をよく作ったものです。煮物には箸《はし》をのばさないという子どもがいたら、ぜひ、たけのこご飯を作ってあげてください。

使い方のポイント

たけのこは時間がたつにつれ、アクが出て、独特のえぐみが強くなります。むかしから、「朝採《と》ったら、その日のうちに食べろ」と言われてきた野菜です。できれば収穫されたその日のうち、遅くても次の日には下処理をしてしまいましょう。買ったたけのこなら、その日のうちに下処理します。

たけのこの下処理として行なうのが、「ゆでこぼし」です。ゆでこぼしとは、ゆでてその汁を捨てることですが、たけのこのほかにも、山菜や豆、栗などでよく行ないます。

たけのこをゆでこぼす前に、まずは先端の皮だけの部分を斜めに大きく切り捨て、火を通りやすくするために、縦に3分の1ほど包丁で切れ目を入れましょう。

大きな鍋に、米ぬかをひとつかみか、なければ米のとぎ汁を加えたたっぷりの水、赤唐辛子1~2本とたけのこを入れ、煮立つまでは強火にし、沸騰《ふっとう》してからは弱火にします。

たけのこの大きさにもよりますが、40分~1時間ほど煮て、根元に竹串が通るようになったら火を止め、そのままの状態で冷めるまで待ちます。冷めたら水で洗いながら皮をむいていきますが、この皮をむいているときから、たけのこのいい香りがしてきます。

皮をむいたたけのこは、水を張ったボウルやプラスチック容器などに入れれば、2~3日保存することもできますが、やはりその日のうちに使うほうが断然おいしく食べられます。

◆選ぶときは根元を見る

たけのこを選ぶときは、根元の切り口が変色していないか、赤いブツブツなどが出ていないかを確認しましょう。根元がみずみずしくて、白いものが新鮮な証拠です。また、持ったときに、ずっしりと重みを感じるものを選びましょう。

レシピ（2人前）

若竹煮

【材料】　※たけのこはゆでたもの、わかめは戻したものの分量

- たけのこ：小1本
- わかめ：50g
- だし汁：300ml

A
- 砂糖：大さじ1
- 薄口しょうゆ：小さじ1
- 塩：ひとつまみ
- 酒：大さじ1

【作り方】

① たけのこの上の部分はくし形切り、下の部分はいちょう切りにし、熱湯にくぐらせる。
② わかめは食べやすい大きさに切る。
③ ①とだし汁を中火にかけ、煮立ったら弱火で3分煮る。
④ Aを加え、落とし蓋《ぶた》をして15分煮詰めたら②を入れ、2〜3分煮て火を止める。

たけのこご飯

【材料】 ※たけのこはゆでたものの分量

- ●たけのこ：小1本
- ●油揚げ：½枚
- ●米：2合
- ●だし汁：適量
- A
  - 薄口しょうゆ：大さじ1½
  - みりん：大さじ1½

【作り方】

① たけのこは薄切り、油揚げは油抜きをし、縦半分に切ってから細切りにする。

② 炊飯器にといだ米とA、だし汁を2合の線まで入れ、①を上にのせて炊く。

③ 炊けたら、具とご飯を混ぜる。

たけのこと豚肉のさっぱりゴイ

【材料】 ※たけのこはゆでたものの分量

- ●たけのこ：小½本
- ●豚もも薄切り：50g
- ●ヌクチャム：適量
- ●大葉：適量
- ●白ごま：適量
- A
  - こしょう：少々
  - ヌクマム：小さじ½

【作り方】

① たけのこは薄切りにし、水気を切る。豚もも肉は細切りにし、Aで下味をつける。

② サラダ油を熱して①を炒《いた》め、塩、こしょうで味をととのえる。

③ ヌクチャムを加えて和えたら、器に盛る。

④ 千切りにした大葉、白ごまを散らす。

※揚げるか焼いたごまライスペーパーの上にのせて、いっしょに食べるとおいしい。

うど

香り・食感・使い勝手の三拍子がそろった春野菜

旬　：3月〜4月
保存：新聞紙で包んで冷暗所

おいしさのポイント

うどは香りのよさと、穂先《ほさき》・皮・身のそれぞれを、むだなくバリエーション豊かに調理できるという点で、わたしの大好きな野菜です。手を出しにくいと感じている人が多いかもしれませんが、身の部分は生で食べることができますし、調理には意外と手間がかかりません。

旬のうどがもつ独特《どくとく》のしゃきしゃき感と香りのよさは、いちど食べると毎年食べずにはいられなくなるくらい。わたしは酢みそ和《あ》えにするのが好きで、酢のさっぱり感が食欲をそそり、たっぷり食べられます。もっと簡単にしたければ、拍子切《ひょうしぎ》りにしたうどを、マヨネーズと白みそを混ぜただけのディップにつけて食べるのもいいでしょう。マヨネーズは味も香りも強い調味料ですが、旬のうどの香りはそれ以上です。十分おいしく食べられます。

使い方のポイント

うどは、穂先・皮・身に分けて調理しましょう。つまり1本あれば、少なくとも3品は作れてしまうのです。

まず、うどの穂先を4㎝ほどの長さに切り落とします。この部分は天ぷらで食べるのがベストです。次にピーラーなどで皮をむき、皮と身に分けます。皮の部分も捨てません。皮は、千切りにしてきんぴらにして食べます。

身の部分は、ほうっておくとアクが出て黒くなってしまいます。サラダなど、生で食べるときは、水400㎖に酢大さじ1を加えて作った酢水につけながら調理しましょう。長さ4㎝、厚さ2㎜くらいの拍子切りにすると、食感がとてもよく感じられます。

また、さっと煮ても、おいしく食べられます。

レシピ（2人前）

うどの酢みそ和え

【材料】

●うどの身：1本分

A｛砂糖：大さじ2
みそ：大さじ2
酢：大さじ2｝

【作り方】

① うどは4㎝くらいの短冊切りにし、酢水につける。
② ボウルにAを混ぜておく。
③ 水気をよく切った①を和える。

うどの皮のきんぴら

【材料】

●うどの皮：1本分
●酒：大さじ1½
●しょうゆ：大さじ1½
●七味唐辛子：適量

【作り方】

① うどの皮は4㎝長さの千切りにし、ごま油で炒《いた》める。
② しんなりしたら、酒、しょうゆを加え、弱火でさらに炒める。
③ 汁気がなくなったら火を止め、七味唐辛子をふる。

うどのさっと煮

【材料】

●うどの身：1本分

A
- だし汁：200ml
- 薄口しょうゆ：小さじ1½
- 塩：小さじ1¼
- みりん：小さじ1½

【作り方】

① うどは厚めの拍子切りにし、酢水につける。

② Aを煮立て、①を入れ、中火で煮る。

③ うどが透き通ってきたら火を止める。

菜時記

❖うどの香りが郷愁を誘う

わたしの母は野菜好きで、春先になるとふきやうどなどの山菜が、いつも食卓にあがりました。

母がよく作ってくれたのが、ここでも紹介しているうどの酢みそ和えです。しゃきしゃきした食感と、酢みそのなかから立ちのぼるうどの香りが、いまでもよみがえってきます。

うどには、山うどと軟白《なんぱく》うどという2種類があります。市販されているのは山うどで、香りが高く、安価で、長さが短くてあつかいやすいと、三拍子そろっています。むかしながらの山菜の味を、楽しんでみてください。

ふき

薄味でたっぷり食べたい、香り高い伝統野菜

旬　：5月〜6月
保存：袋に入れて野菜室

おいしさのポイント

春の野菜の魅力は、なんといっても色や香りが強いこと。とくにわたしが好きなのは、うどやふき、せりなど、独特《どくとく》のほろ苦さをもった野菜です。子どものころは、こうした味が苦手でも、大人になるにつれておいしさがわかり、「これぞまさに春の味」と感じられるようになった、という人も多いようです。

ふきにかぎらず、山菜はむかしから日本で食べられてきた伝統野菜です。こうした味が食卓にのぼらなくなっていると聞きますが、なんとも残念なことです。

春の野菜のなかでも、とくにふきは、わたしが子どものころから食べてきた、思い出深い食材のひとつです。名古屋流に薄味に仕立てられた、ひすい色のきれいなふ

きの煮物が、いまでも目に浮かびます。

ふきは水分が豊富で、おなかにたまるということがありません。煮物にして食べると、からだが温まるので、とくに女性にはおすすめです。

また、ふきは茎だけでなく、葉も食べられます。わたしがこのことを知ったのは、結婚してからのことでした。義母が、ふきの葉をみじん切りにした炒《いた》め物をよく作ってくれたのです。ごま油のコクと、しょうゆと酒のちょっと濃い目の味つけが、ご飯を進ませてくれて、酒の肴《さかな》にもぴったり。春の味覚を味わいたいというときに、おすすめの一品です。

◆栄養では、「ふき」よりも「ふきのとう」

ふきは血圧を下げてくれるカリウムを含みます。またその独特な苦味《にがみ》は、クロロゲン酸というポリフェノールの一種です。クロロゲン酸は、老化やがんの原因ともいわれている活性酸素《かっせいさんそ》をなくす抗酸化《こうさんか》物質として注目されています。

ただ、栄養という面で見ると、じつはふきよりもふきの花茎《かけい》であるふきのとうのほうが、ミネラルや食物繊維《しょくもつせんい》が豊富なことで知られています。ふきのとうをはじめ、たらのめやぜんまい、わらび、つくし、こごみなど、春の山菜は、どれも天ぷらにするとおいしく食べられます。

使い方のポイント

ふきは皮をむいてから調理しますが、「手で皮をむくと時間がかかって……」という声をよく耳にします。わたしも子どものころ、母に言いつけられて、ふきの皮むきをしたものです。なつかしい思い出ですが、ほんとうは、ちょっぴりめんどうでした。ただそれは、ふきを生で皮むきしていたから。ここでは、より簡単な「湯むき」という下処理の方法を紹介します。

まず、葉を切り落としたふきを、鍋に入る長さに切りそろえて、まな板に並べます。上から塩をふり、両手でふきを軽く押しながら転がします。これは「板ずり」といって、色がきれいにゆであがります。

鍋に湯を煮立たせて、板ずりしたふきを入れてゆでます。2～3分したら引き上げ、水を張ったボウルにつけて皮をむきましょう。こうすると、気持ちよいくらいスルスルとむけます。

また、煮物などでコクを出したいときは、フライパンに油を引き、湯むきしたふきを軽く炒めてから味つけしましょう。ちょっとしたひと手間ですが、味にぐっと深みが出ます。

◆根元がフニャフニャしたものは避ける

ふきを選ぶときは、茎に黄ばみや黒ずみがないか、根元がフニャフニャしないかを確認してください。新鮮なふきは、きれいな緑色で、根元までピンと張りがあります。あまり太すぎるものは、繊維が固いので避けましょう。親指の太さくらいまでを目安にするといいでしょう。

生のまま保存するなら、葉を切り落とし、茎も適当な長さに切って、ビニール袋に入れるかラップで包んで野菜室へ入れましょう。

ただ、ふきは収穫すると、時間がたつほどアクが強くなり、変色も進みます。旬の野菜は鮮度が命。できるだけ、買ってきたその日のうちに下処理をして、調理してしまいましょう。

レシピ（2人前）

ふきの青煮

【材料】
- ふきの身：2本
- 糸花かつお：少々

A
- だし汁：150ml
- 薄口しょうゆ：小さじ1
- 酒：大さじ¾
- みりん：大さじ¾

【作り方】
① 湯むきしたふきは3cm長さに切って、水気を切り、プラスチック容器などの別容器に取っておく。
② Aを煮立て、①に入れ、そのまま冷まして味を含ませる。
③ 器に盛り、糸花かつおを飾る。

ふきの葉のピリ辛炒め

【材料】
- ふきの葉：4枚
- 七味唐辛子：適量

A
- しょうゆ：大さじ1½
- 酒：大さじ2

【作り方】
① ふきの葉は熱湯で1〜2分ゆで、冷水に取る。冷めたら水気を切ってみじん切りにする。
② ①をごま油で炒め、Aを入れたら、弱火で7〜8分煮る。
③ 器に盛り、七味唐辛子をふる。

ふきのとうの苦味みそ

【材料】
●ふきのとう：20個
A
砂糖：30g
しょうゆ：小さじ1
みりん：大さじ2
みそ：80g

【作り方】
① ふきのとうは粗みじん切りにし、さっとゆでて冷水に取る。冷めたら水気を切っておく。
② ①をサラダ油で炒め、Aを加えてさらに5分ほど炒める。

菜時記

❖名古屋の味と東京の味

わたしの子ども時代は、魚は食べましたが、肉はまだまだ高級品でした。毎日の食事は、野菜が中心だったのです。

調理法もシンプルで、だし汁としょうゆ、みりんや砂糖などで煮るだけのものが多かったように思います。

調理法は全国共通でも、味つけがちがうことを実感したのは、結婚してからです。

名古屋の母の薄い味つけに対して、東京の義母のしょうゆで真っ黒に煮た煮物にはおどろいたものです。若き日のなつかしい思い出です。

もっと多菜に!

新しい調味料に挑戦してみる

ベトナム料理では、「ヌクマム」という魚醤《ぎょしょう》がよく使われます。秋田県の「しょっつる」などと同様に、色が薄く、独特《どくとく》の高い香りが特徴で、タイでは「ナンプラー」と呼ばれています。

また、タイには、「シーズニングソース」という大豆を主原料にしたソースがあります。色は、溜《た》まりじょうゆのように濃いのですが、日本の濃口しょうゆのような塩辛さはなく、うま味とコクが深い調味料です。

たとえば、青菜の炒《いた》め物は、塩やしょうゆの代わりにオイスターソースを使うと、ガラリと味が変わります。同じように、サラダではポン酢の代わりに「ヌクチャム」を使ったり、炒め物ではしょうゆの代わりにシーズニングソースを使ったりするだけで、和風の味が本格的なエスニックの味に大変身します。

新しい調味料との出合いは、野菜の新たなおいしさを知るチャンスです。味つけが変わると食が進み、野菜もたっぷり食べられます。

〈パート2〉

夏の野菜

トマト

ほかの野菜にはない、独特《どくとく》の酸味が夏にぴったり

旬：6月～8月
保存：常温

おいしさのポイント

真っ赤に熟したトマトは、見ているだけで元気が湧《わ》いてきます。酸味と甘味がほどよく混じったトマトの味は、食欲の落ちる暑い時期にぴったりで、どんな料理に使ってもほどよいアクセントになります。

生のまま食べるトマトスライスやトマトサラダには、いろいろなドレッシングがありますが、わたしのおすすめはヌクチャムを使うことです。あっさりしているのでたっぷり食べられ、トマト本来の味もしっかり味わえます。

トマトは、加熱してもおいしく食べられます。火を通すことで、トマトの甘味が強くなり、小さな子どもでも食べやすくなります。

加熱する場合は、オリーブオイルで炒《いた》めたり、肉詰《にくづ》めにしたりします。肉詰めというとピーマンが有名ですが、トマトの酸味は肉のうま味と相性がいいので、びっくりするほどおいしくなります。ぜひいちど、試してみてください。

ほかの野菜もたっぷり食べたいときは、なすやズッキーニ、ピーマンなど、夏の野菜をふんだんに使った煮物・ラタトゥイユ（49ページ参照）がおすすめです。水やスープは一切使わず、野菜の水分だけで作るので、野菜の味がぎゅっと濃縮《のうしゅく》されます。冷やしてもおいしく、食欲がないときでもサラリと食べられます。

◆赤い色に強い健康効果がある

トマトの赤い色は、リコピンという色素で、がんや動脈硬化《どうみゃくこうか》など、さまざまな生活習慣病を予防する効果が高いといわれています。ヨーロッパでは、「トマトが赤くなると医者が青くなる」と言われるほどです。

ほかにも、トマトにはビタミンCや、目や皮膚などの健康維持に役立つビタミンAが多く含まれています。

また種の周りには、昆布やしいたけのうま味成分として知られる、グルタミン酸が多く含まれています。種も捨てずに、調理で使うようにしましょう。

使い方のポイント

トマトを買うときは、形が丸くてつやがあるものを選びましょう。ヘタの部分がしおれたり乾燥したりしておらず、ピンとしているかどうかも確認してください。新鮮さの目安になります。

実の色は均一に赤くなっているのが、熟している証拠です。トマトは皮の部分に栄養があるので、多少皮が固くても、そのまま食べたいもの。色が薄い部分がある場合は、少しのあいだ常温に置き、熟すのを待つといいでしょう。

あまり知られていませんが、トマトは低温すぎると味が落ちてしまう野菜です。保存はできるだけ、常温で行なうようにしましょう。熟したものを冷蔵庫で保存する場合は、ラップで包み、かならず野菜室に入れましょう。

ミニトマトなどであれば、ビニール袋に入れるだけで構いません。

レシピ（2人前）

夏野菜たっぷりのラタトゥイユ

【材料】

●トマト：大2個　●玉ねぎ：1個　●パプリカ黄：½個
●なす：2個　●ピーマン：2個　●セロリー：½本
●ズッキーニ：1本　●パプリカ赤：½個　●にんにく：1片

【作り方】

① トマトはざく切り、なすは乱切り、ズッキーニは2㎝の輪切り、玉ねぎは1㎝幅のくし形切りにする。ピーマンとパプリカは小さめのひと口大に、セロリーは1㎝幅の斜め切りにする。

② 鍋に、オリーブ油とたたきつぶしたにんにくを入れて弱火にかける。香りが立ってきたら玉ねぎ、なす、ズッキーニ、ピーマン、パプリカ、セロリー、トマトの順で加えて軽く炒める。塩、こしょうをしてから、蓋《ふた》をして弱火で30～40分煮る。

③ 味をみて、塩、こしょうで味をととのえる。

トマトの肉詰め

【材料】

●トマト：中2個
●グリーンリーフレタス：1枚
●にんにく：1片
●万能ねぎ：4本
●きくらげ：適量
●豚ひき肉：200g
●溶《と》き卵：大さじ1〜2
●小麦粉：適量
●シーズニングソース：適量
●こしょう：適量
●パクチー：適量
A｛塩：少々
　ヌクマム：小½
　こしょう：少々

※グリーンリーフレタスがない場合は、サニーレタスか玉状の普通のレタスでもよい。
※シーズニングソースがない場合は、濃口しょうゆでもよい。

【作り方】

① トマトは横半分に切り、種を除いてスプーンで中身をくり抜く。抜いた中身は細かく切り、取り分けておく。グリーンリーフレタスは、洗って水気をよく切ったら、器にしく。
② にんにくはみじん切り、万能ねぎは下の白い部分はみじん切り、葉の部分は小口切り、戻したきくらげはみじん切りにする。
③ ボウルに、豚ひき肉、②の半量のにんにく、万能ねぎの白い部分、きくらげを入れて混ぜ

る。さらに、Aと溶き卵を加えてよく混ぜる。

④ ①で中身をくり抜いたトマトに小麦粉をふり、4等分にした③を詰める。

⑤ フライパンにサラダ油を熱し、④の肉の面の真ん中をくぼませ、その面を下にして入れ、中火で7分ほど蓋をして蒸し焼きにする。裏返してまた7分ほど肉に火が通るまで焼き、器に盛る。

⑥ フライパンにサラダ油を入れ、②の残りのにんにくを入れて熱し、香りが出てきたら、①で抜いたトマトの中身を炒める。シーズニングソース、こしょうで少し濃いめのソースをつくり⑤にかける。

⑦ ⑥に、②の万能ねぎの葉、パクチーを散らす。

菜時記

❖お店でも好評のトマト

わたしが「日本一」と思っているトマトがあります。千葉県柏市の農家・深野《ふかの》俊郎《としろう》さんが作っているトマトです。

それまで食べたどのトマトよりも味が濃く、酸味と香りもしっかり。すっかりファンになり、店でも使うようになりました。

深野さんは、化学系の農薬や肥料を一切使わず、トマトを育てているそうです。

自然の力をもとに、丹念《たんねん》に作られたトマトは、ビタミンCや亜鉛が、普通のトマトにくらべて20倍も含まれているというからおどろきです。

なす

加熱すると、うま味が凝縮されてさらにおいしく

旬　：7月〜8月
保存：袋に入れて冷暗所

おいしさのポイント

ゆでてよし、揚げてよし、焼いてよし。なすは万能な夏野菜です。火を通すと、トロリと溶《と》けるような食感が楽しめるのも、なすならでは。のどごしもよく、かさが減るので、食欲不振になりがちな夏でも、たくさん食べることができます。また、いちど加熱したなすは、冷えてもおいしく食べられます。

子どものころから、焼きなすやなすの揚げ煮などを食べてきましたが、わたしがとくに好きなのは、丸ごと一本を皮つきのまま黒焼きにする調理法です。網にのせて真っ黒になるまで焼くのですが、なすのうま味が凝縮《ぎょうしゅく》されて、食べ出すと止まらなくなります。しょうがじょうゆで食べると和風の焼きなすになりますが、エスニッ

ク風にしたいときは、パプリカとあわせてヌクチャムをかけ、オクラなどの青いものをのせます。

使い方のポイント

なすは、張りとつやのよいもの、ヘタの部分がしっかりしたものを選びましょう。なすの大部分は水分なので、古くなるとしぼんでシワが出てきます。

なすの黒焼きを作るときは、あとで皮をむきやすいように、あらかじめヘタの下に、ぐるりと一周、軽く切れ目を入れておきます。こうすると水をかけたとき、おもしろいようにスルスルと皮がむけます。

なすを揚げるときは、皮目から油に入れます。実の部分から油につけると、油を吸いすぎてしまうので注意しましょう。炒《いた》め物や煮物にするときでも、なすはいちど油に通します。これは「油通し」といって、こうすると、なすの紫色がきれいに仕上がり、調理時間も短く済みます。ひと手間はかかりますが、見た目も味もよくなるので、ぜひ行なってください。

レシピ（2人前）

なすの酢みそ和え

【材料】

- なす：2個
- A
  - 砂糖：大さじ2½
  - みそ：大さじ2
  - 酢：大さじ1½

【作り方】

① なすを縦半分に切って、くたっとするくらいまでゆでたらザルに上げる。冷めたら手で大きめに裂く。

② Aを混ぜて酢みそを作り、①と和《あ》える。

なすの黒焼き

【材料】

- なす：2本
- しょうが：1片
- しょうゆ：適量

【作り方】

① なすはヘタの下に、包丁で軽く切れ目を一周入れる。しょうがはすりおろす。

② なすを網や魚焼きグリルで転がしながら、真っ黒になるまで強火で焼く。

③ 中まで火が通ったら、水をかけながら皮をむき、食べやすい大きさに切って器に盛る。

④ しょうがじょうゆを添える。

なすの揚げ煮

【材料】
●なす：2個
●しし唐辛子：4本
●長ねぎ：4㎝
●しょうが：1片

A ｛だし汁：100㎖
　 しょうゆ：大さじ½
　 みりん：大さじ1

【作り方】
①なすは縦半分に切って、皮目に斜めの包丁目を入れ、しし唐辛子はじくを切り落とす。
②長ねぎは白髪ねぎ、しょうがは千切りにして水に放す。
③揚げ油を170℃に熱し、①を揚げる。
④Aを煮立たせ、③のなすを皮目を上にして入れ、しし唐辛子も加えて4〜5分煮る。器に盛り、②をのせる。

菜時記

❖夏のおやつに食べたなす

小学生のころ、夏休みになると、岐阜に住む祖母の家に遊びに行きました。そこでおやつ代わりに食べていたのが、祖母の作っていた畑のなすです。

畑といっても、家の前庭にあるささやかなものですが、夏になるとなすがよく育っていました。そこでなすをもぎ、塩でもんで生のまま食べるのです。

なすには、からだを冷やす効果もあるので、暑い夏にはとくにぴったりだったのでしょう。

いまでも夏になると、祖母の笑顔とともに、なつかしく思い出されます。

レタス

生でも加熱してもおいしい葉物野菜

旬　：5月〜6月、11月〜12月
保存：袋に入れて野菜室

おいしさのポイント

サラダに欠かせない野菜といえば、いちばんに名前があがるのがレタスでしょう。

レタスはビタミンC、Eや、カリウムなどのミネラルをバランスよく含んでいます。

レタスは生のまま食べるのが一般的ですが、じつは炒《いた》めるなど加熱してもおいしく食べることができます。

とくに、火を通すとかさが減るので、「たくさん食べたいな」というときは、加熱するのがおすすめです。

わたしは、レタスのオイスターソース炒めをよく作ります。油で炒めるときは、葉が少ししんなりするくらいまでで、あまり火を通しすぎないのが、おいしく作るコツです。レタスは、生で食べられる野菜ですし、しゃきしゃきした食感が持ち味なので、それを壊さないようにしましょう。

使い方のポイント

玉状のものもそうでないもの（サニーレタスやグリーンリーフレタスなど）も、レタスは葉先からいたんできます。そこでまずは、葉を見てみましょう。葉の色が濃くてつやのあるもの、さらに底部分の芯《しん》の切り口が10円玉くらいの大きさで、なるべく白くてみずみずしいものが新鮮さの目安になります。

切り口が多少赤く変色するのは、赤ワインでよく知られるポリフェノールという成分が変化するためなので、とくに問題はありませんが、あまりに茶色いものは、乾燥が進んでいる証拠です。

レタスの大敵は、乾燥と高温です。そこで、丸のままでもぴったりラップで包むか、外葉《そとば》でくるんでビニール袋に入れてから、野菜室で保存しましょう。

レシピ（2人前）

バインセオ（ベトナムのお好み焼き）

【材料】2枚分

- ●グリーンリーフレタス：大きい葉4枚
- ●大葉：8枚
- ●パクチー：8本
- ●三つ葉：8本
- ●カイワレ：少々
- ●万能ねぎ：5本
- ●玉ねぎ：½個
- ●大根：少々
- ●にんじん：少々
- ●豚肉：80g
- ●エビ：8尾
- ●もやし：1袋
- ●ヌクチャム：適量
- ●チリソース：適量

A
- バインセオ粉：100g
- ターメリック（ウコン）：小さじ1
- ココナッツミルク：100ml
- 水：150ml

※グリーンリーフレタスがない場合は、サニーレタスか玉状の普通のレタスでもよい。

【作り方】

① グリーンリーフレタスと大葉はそのまま、パクチー、三つ葉、カイワレは根を切り落として半分に、万能ねぎは4本を10㎝長さに切って器に盛る。残りの万能ねぎ1本は小口切り、

② 玉ねぎは薄切りにしておく。大根、にんじんは繊維《せんい》に沿って3㎝長さの千切りにして塩をふり、しんなりしたら水で洗い、水気をしっかり切る。

③ 豚肉はひと口大に、エビは背ワタを取り、厚みを半分に切って、いっしょに炒めて皿に取る。

④ Aをよく混ぜ、万能ねぎの小口切りを加える。フライパンにお玉で1杯分入れ、クレープ状に薄くのばす。③と薄切りにした玉ねぎ、もやしを手前半分にのせて、蓋《ふた》をして弱火にする。

⑤ 生地の周囲がチリチリと焼けてきたら、生地とフライパンのあいだにサラダ油を少し流し入れる。パリパリに焼けたら、生地を手前半分に折り、①の野菜の横に盛る。

⑥ ヌクチャムに②を入れてソースを作る。チリソースとともに、器に添える。

※食べるときは、グリーンリーフレタスに好きな野菜と⑤を適度な大きさに切ったものを巻き、⑥につける。

菜時記

❖ベトナム料理との出会い

わたしが最初にベトナムを訪れたのは、いまから十数年前、2000年のことです。ホイアンという町で開かれる遠泳大会に参加するためでした。

そこで、生まれてはじめて口にしたのがベトナム料理です。

旬の野菜をたっぷり使うベトナム料理は、タイ料理のように辛くはなくて、とてもおいしいものでした。そして何より、野菜をいっぱい食べたという満足感がありました。

ベトナム料理＝野菜たっぷりというイメージが、もっと日本で広まってほしいと思います。

えんどう・いんげん

種類が豊富で、甘味と香りが深い夏野菜

旬　：5月〜7月
保存：袋に入れて野菜室

おいしさのポイント

さわやかな色と香りが、初夏の訪れを感じさせてくれるえんどうには、いろいろな種類があります。さやえんどうやきぬさや、グリンピース、最近よく見るようになったスナップエンドウも、えんどうの仲間に入ります。

さやえんどう（旬は5〜6月）は、えんどうを早採《はやど》りしたもの。小型のきぬさやや、大きくて肉厚なスナップエンドウなどの品種があります。一方、グリンピースは、えんどうの未成熟な実です。さやえんどうとはちがい、さやの部分は食べません。

同じく「さや」がつく、さやいんげん（旬は6〜9月）は、もとの種がえんどう豆ではなく、いんげん豆です。このことは、ふだんから豆を食べたり料理で使ったりする人

にとっては当たり前のことですが、最近では知らない人も多く、おどろかされます。栄養や調理方法も似ていますが、別の野菜だとおぼえておいてください。

えんどうやいんげんをたくさんおいしく食べる方法として、おすすめしたいのは、「よけいな手を加えない」ということです。

下手に味つけをするよりは、皮がパンと張った新鮮なものを選び、塩ゆでやごま和《あ》え、グリンピースご飯と、シンプルに調理するのが、たっぷり食べるにはいちばんです。ちょっと目先を変えたいときは、さやえんどうを油揚げといっしょにだし汁で煮て、卵でとじて食べてみましょう。素材の甘味と香りがぞんぶんに引き出されて、とてもおいしくなります。

◆カロテンが豊富な緑黄色野菜

えんどうもいんげんも、カロテン（β-カロテン）が豊富で、「緑黄色野菜《りょくおうしょく》」に分類されています。緑黄色野菜というのは、厚生労働省が定めたもので、可食部100gあたり600μg（マイクログラム：1gの100万分の1）以上のカロテンが含まれる野菜と、600μg未満でも食べる回数や量が多いトマトやピーマンなどが含まれます。

β-カロテンは、からだのなかの活性酸素《かっせいさんそ》を減らす働き（抗酸化作用《こうさんかさよう》）があり、老化やがんの予防に役立つといわれています。β-カロテンは油に溶《と》けやすい性質があるので、油を使って調理したり、ごまや油揚げなど脂肪分の多い食材と合わせたりすると吸収がよくなります。

使い方のポイント

さやえんどうやさやいんげんなど、さやつきのままゆでて調理するものは、めんどうでもきちんとすじを取りましょう。

わたしも子どものころ、台所に立つ母に、よく手伝いを言いつけられました。さやえんどうのすじ取りや、そらまめの皮むきなど、野菜の下処理をせっせとこなしたものです。結婚して子どもが生まれてからは、ふたりの娘たちがわたしを手伝ってくれるようになり、その娘たちも嫁いだいまは、手伝い係は夫がつとめてくれています。下処理でも、娘たちは手伝うことで野菜に興味をもち、食事も大切にするようになってくれたと思います。

さやえんどうもさやいんげんも、火を通しすぎるとグズグズに煮くずれて、おいしさが半減してしまいます。歯にあたる食感を楽しめるように、くれぐれも火加減には注意するようにしてください。

強火で短時間ゆでるのが基本ですが、「○分ゆでる」などと、杓子定規《しゃくしじょうぎ》に考えないで、自分の口で火の通りぐあいを確かめるようにしましょう。

量が多いときでも、大きな鍋は必要ありません。小さな鍋で何度かに分けたほうが、ゆで過ぎの失敗は少なくなります。また、湯に少し塩を入れると、色あざやかにゆであがります。

◆保存するより、使い切ったほうがいい

選ぶときは、えんどうでもいんげんでも、色あざやかなもので、頭の切り口がみずみずしいものにしましょう。茶色く変色が進んでいるものは、収穫してから時間がたっています。

ビニール袋に入れて野菜室で保存することもできますが、乾燥に弱く、すぐにシワシワになってくるので、早めに使い切ってしまいましょう。

レシピ（2人前）

グリンピースご飯

【材料】※グリンピースは豆だけのむき身の分量

- グリンピース：100g
- 米：2合
- 酒：大さじ2
- 塩：小さじ1

【作り方】

① グリンピースはさやから出して洗っておく。

② 炊飯器にといだ米と①、酒、塩を入れ、水を2合の線まで入れて炊く。

③ 炊けたら、具とごはんを混ぜる。

さやいんげんのごま和え

【材料】

- さやいんげん：1パック
- すりごま：大さじ2
- しょうゆ：大さじ1½

【作り方】

① さやいんげんはすじを取り、手で半分か、長いものは3等分に折る。

② 沸騰《ふっとう》した湯に塩を入れてゆで、ザルに上げて冷ます。

③ すりごまとしょうゆで和える。

さやえんどうと油揚げの卵とじ

【材料】

●さやえんどう…1パック

●油揚げ…1枚

●卵…1個

A

だし汁…100ml

しょうゆ…大さじ½

塩…小さじ1

みりん…大さじ½

【作り方】

① さやえんどうはすじを取り、油揚げは油抜きをし、縦半分にしてから1cm幅に切る。

② Aを煮立たせ、①を入れて中火で煮る。

③ 煮汁がなくなってきたら、溶いた卵を回し入れ、軽く火を通して器に盛る。

さやえんどうとトマトの炒め物

【材料】

●さやえんどう…1パック

●玉ねぎ…½個

●トマト…1個

●卵…2個

【作り方】

① さやえんどうはすじを取り、玉ねぎは薄切り、トマトはざく切りにする。

② さやえんどうと玉ねぎを炒《いた》める。

③ ②に溶いた卵を入れ、塩、こしょうをして混ぜたら、トマトを加えて炒める。

きゅうり

暑い日にからだを冷やしてくれる、夏の定番野菜

旬：7月〜9月
保存：新聞紙で包んで野菜室

おいしさのポイント

きゅうりは数ある野菜のなかでも、とくに水分を豊富に含んだ、みずみずしい野菜です。からだを冷やす作用があるので、熱をもちやすい夏には、積極的に摂《と》るようにしたいものです。

きゅうりはサラダの材料にしたり、みそやマヨネーズにつけて食べたりするのが定番ですが、さすがに毎食となると飽《あ》きてしまいます。

そこでおすすめしたいのが、浅漬けです。わたしは、かっぱ漬けや、辛子漬けにしたり、ちょっと変わったところではビール漬けにしたりして、バリエーションを楽しんでいます。

こうすると、毎食でもおいしくたくさん食べることができますし、酒の肴《さかな》としても好評です。

使い方のポイント

きゅうりの浅漬けを作るのに、特別な容器は必要ありません。味がしみこみやすいので、どこの家庭でもあるような、蓋《ふた》つきのプラスチック容器があれば十分です。冷蔵庫のなかで場所を取りたくないなら、密閉ファスナーつきの袋を使うとよいでしょう。立てて収納できるので便利です。

新鮮なきゅうりは、つやつやした深緑色《ふかみどり》で、トゲがピンと立っています。曲がっていても、味にはなんら変わりはありません。あまり太いと種が固いこともあるので、気をつけましょう。トゲは、切る前にまな板の上でコロコロと転がす「板ずり」をして取ります。こうすると、色味がよく仕上がり、青臭さもおさえられます。

きゅうりは水分を豊富に含んでいるため、いたみが早い野菜です。買ってきたら、なるべく早く使い切るようにしましょう。

レシピ（2人前）

きゅうりのかっぱ漬け

【材料】

- きゅうり：2本
- しょうが：1片

A
しょうゆ：大さじ3
酢：大さじ2
ごま油：大さじ1
豆板醤《とうばんじゃん》：小さじ½

※豆板醤がない場合は、ラー油でもよい。

【作り方】

① きゅうりは全体を塩でこすり、さっと水洗いする。すりこぎかビンで叩いて、5～6㎝に切る。
② しょうがは千切りにする。
③ ①と②、Aをビニール袋に入れてもみ、冷蔵庫に1時間ほど入れる。

きゅうりの辛子漬け

【材料】

- きゅうり：2本

A
砂糖：大さじ1
塩：大さじ1
辛子：大さじ1

※辛子はチューブ入りのものでよい。

【作り方】

① きゅうりは全体を塩でこすり、さっと水洗いしてひと口大に切る。
② ①とAをビニール袋に入れてもみ、冷蔵庫に1時間ほど入れる。

きゅうりのビール漬け

【材料】
●きゅうり：2本
A
- 砂糖：大さじ1
- 塩：大さじ1
- ビール：大さじ1

【作り方】
① きゅうりは全体を塩でこすり、さっと水洗いする。縦半分に切り、続いて横に4等分に切る。
② ①とAをビニール袋に入れてもみ、冷蔵庫に1時間ほど入れる。

菜時記

❖同級生が教えてくれた夏の味

毎年、夏になると愛知県の農家・大澤政春《おおさわまさはる》さんから、無農薬・露地栽培のきゅうりがたくさん届きます。クルクル曲がっていたり、小ぶりなものもありますが、ほんとうに新鮮で味が濃い！

サラダの材料にはこと欠きませんが、それにもかぎりがあるし……。そこで目新しい食べ方の相談したのが、大澤さんの奥さまであり、わたしの高校時代の同級生でもある裕子《ひろこ》さんでした。

そのときに教わったのが、きゅうりのビール漬けです。さっぱりとした味が、夏にピッタリの一品です。

かぼちゃ

スープにもスイーツにもできる、使い勝手のいい野菜

旬　：6月〜7月、9月
保存：風通しのよい冷暗所

おいしさのポイント

いも・栗・かぼちゃは、女性の好きな野菜の代名詞のようなものです。なかでもかぼちゃは、煮物・サラダ・スープなどのおかず類だけでなく、プリンやパイなどのスイーツにも使われるなど、いろいろな食べ方ができる野菜です。

わたしも煮物や蒸し物、天ぷらはもちろん、コロッケなど、さまざまな調理法でかぼちゃを楽しんでいます。

かぼちゃの煮物はとても簡単です。かぼちゃは、野菜自体の味がしっかりしているので、ほかの野菜で作るときよりも、少しだけ味を濃くするのが、おいしくするコツです。かぼちゃだけで作ることもありますが、若い人には、鶏ひき肉や玉ねぎのみ

じん切りを加えたものがよろこばれます。

ただ、かぼちゃは煮ると色が悪くなるし、形もくずれやすいという難点があります。そこで、おすすめしたいのは、蒸して塩で食べることです。かぼちゃの味がいちばんおいしく感じられ、色や形の心配もありません。

かぼちゃのコロッケは、娘たちが年ごろになり、家に友だちを連れてくるようになってから作るようになりました。若い人にはボリュームのあるおかずがよろこばれますから、せっせと作ったものです。

ポイントは、カレー粉を加えること。そのほうが、野菜の味がしっかりします。また、じゃがいもなど、ほかの食材はあえて入れません。かぼちゃだけの単品使いにすることで、素材のもつ味が、ぐっと引き立ちます。

カレー味にすると、子どもたちもよろこんでいっぱい食べてくれます。野菜嫌いの子どもにも、おすすめの味つけです。

◆血行をよくしてからだを温めてくれる

かぼちゃは、β-カロテンが豊富な緑黄色《りょくおうしょく》野菜です。それ以外にも、ビタミンCや、老化を予防したり血行をよくしたりするビタミンEが多く含まれています。

ビタミンEは、ビタミンCやβ-カロテンといっしょに摂《と》ると、相乗効果《そうじょうこうか》で抗酸化《こうさんか》作用が向上します。

ビタミンCは熱に弱い性質がありますが、かぼちゃは加熱してもビタミンCが壊れにくいという特徴があります。加熱しても高い栄養価をほこる野菜なので、たっぷり食べましょう。

使い方のポイント

かぼちゃは火が通りやすい野菜です。煮物の場合、強火にかけて煮立ったら中火にし、あまり煮すぎないようにします。こうすると、煮くずれが起こりません。皮の部分は、実の部分よりも多くのカロテンが含まれています。皮のブツブツしたところを取れば、皮まで丸ごと食べられます。

かぼちゃはボリュームのある野菜なので、大家族ならともかく、もてあましてしまうことが多いと思います。そういうときは、かぼちゃのポタージュを作りましょう。

残ったときに使い切ることができるので、とても便利です。

みじん切りにした玉ねぎをバターで炒《いた》め、ふかしてつぶしたかぼちゃを牛乳でのばして、コンソメで味つけするだけ。かぼちゃを、ほかの野菜に変えれば、いくらでもレパートリーが広がります。

◆小さくても重くて固いものを

かぼちゃを選ぶときは、かならず手に持って重さを確認してみましょう。ずっしりと重みがあって、皮に張りがあって固いもの、ヘタの部分は枯れて乾いたものを選びましょう。

カットしてあるかぼちゃなら、実の黄色に深みがあるもの、ワタと種がびっしり詰っまっていて乾燥していないものを選びましょう。カットしてあるかぼちゃは、ワタと種を取りのぞいて、ラップで包んで野菜室に入れます。

丸のままなら、冷暗所で保存できます。冬至《とうじ》に食べることで知られているように、かぼちゃは長期の保存もできる野菜です。10℃前後の風通しのよいところに置いておくと、「追熟《ついじゅく》」といって、水分が抜けて甘味が増し、栄養価も高まります。

レシピ（2人前）

かぼちゃのコロッケ

【材料】

●かぼちゃ：¼個
●小麦粉：適量
●卵：適量
●パン粉：適量

A
塩：適量
カレー粉：小さじ¼
こしょう：適量

【作り方】

① かぼちゃはひと口大に切り、ラップをして電子レンジに7分（500Wの場合）かける。熱いうちにすりこぎなどで、皮ごとつぶしておく。
② ①にAを加えて混ぜ、ピンポン玉くらいに丸める。
③ 小麦粉、卵、パン粉の順につけ、170℃の油できつね色に揚げる。

かぼちゃの煮物

【材料】
●かぼちゃ：¼個
●だし汁：300㎖
A　砂糖：大さじ2½
　　しょうゆ：大さじ2
　　酒：大さじ2

【作り方】
① かぼちゃはひと口大に切る。
② 鍋に①とだし汁を入れて、煮立たせる。
③ Aを加え、落とし蓋《ぶた》をして、15分くらい中火で煮る。

菜時記

❖ベトナムでは、花も食べる

ベトナム料理を学びはじめて以来、何度となくベトナムへ食べ歩きの旅行をしています。

そのなかで、味ではなく、野菜の使い方でおどろかされたのが、「花鍋」という料理です。

花鍋は、かぼちゃや豆の花など季節の花が数種類と、魚介類をいっしょに入れた料理です。

ほかにも、かぼちゃの花のめしべを取り、中にひき肉を絞り入れて、衣をつけて揚げた料理も印象深いものでした。皮や実だけでなく、花も食べる！　世界にはいろいろな食べ方があるものだと、感心させられます。

オクラ

独特《どくとく》のネバリが夏バテを予防してくれる

旬　：6月～8月
保存：新聞紙で包んで冷暗所

おいしさと使い方のポイント

オクラはムチンという、ネバネバ成分を多く含んだ野菜です。この成分はたいへん栄養価が高く、夏バテ防止の効果があるといわれています。しょうがやごまと和《あ》えたり、ヌクチャムをつけると、さっぱりたっぷり食べられます。

新鮮なオクラほど、頭の切り口がみずみずしく、表面に白い産毛《うぶげ》のようなケバがびっしり生えています。そこで、がくのとがった固いところをむいて、塩ひとつかみをふりかけたら軽くこすり、洗い流さずに塩つきのまま、ゆでるようにしましょう。ゆで時間は、あまり長くならないように、沸騰《ふっとう》した湯に入れ、再沸騰したらすぐ引き上げるくらいで大丈夫です。ザルに上げて、水をかけて冷やしましょう。

レシピ（2人前）

オクラとしょうがの和え物

【材料】

- オクラ：1パック
- しょうが：1片
- すりごま：適量
- しょうゆ：大さじ1

【作り方】

① オクラはがくをむいて塩もみし、塩がついたまま熱湯に入れて再沸騰したら上げる。

② ①を斜めに3等分に切って、すりおろししょうがとすりごま、しょうゆで和える。

オクラ納豆

【材料】

- オクラ：8本
- 納豆：1パック
- A しょうゆ：適量／きざみのり：少々／かつおぶし：½パック

【作り方】

① オクラはがくをむいて塩もみし、塩がついたまま熱湯に入れて再沸騰したら上げる。

② ①を粗みじん切りにし、納豆を入れた器に入れる。

③ Aをかけ、よく混ぜる。

ズッキーニ

だれでもたっぷり食べられる、緑色があざやかな夏野菜

旬　：6月～9月
保存：袋に入れて野菜室

おいしさと使い方のポイント

味にくせのないズッキーニは、どんな料理にもよくなじむ、使いやすい野菜です。煮込んでも炒《いた》めても、失敗するということがありません。ラタトゥイユや夏野菜のカレーに入れるほか、薄切りにしたものをエリンギといっしょに炒めて、ヌクチャムをかけ、千切りにした大葉とごまを散らすと、さっぱりたっぷり食べられます。

選ぶときは、深緑色《ふかみどり》があざやかなもの、頭の切り口を見て、みずみずしいものを選びましょう。ズッキーニは、熟していない実を収穫している野菜なので、太く育ちすぎたものは、おいしくありません。長く置いておくと、中がスカスカになってしまうので、新鮮なうちに使い切りましょう。

レシピ（2人前）

ズッキーニのオーブン焼き

【材料】

●ズッキーニ：1本
●白ごま：適量
●七味唐辛子：適量

A
ごぼう：5㎝
にんじん：3㎝
玉ねぎ：¼個
大根：1㎝

B
酒：50㎖
みそ：大さじ2

【作り方】

① ズッキーニは皮をむいて、縦半分に切る。スプーンで中身を掘って船形にし、アルミ箔《はく》で包んで蒸し焼きにする。
② Aをすべて5㎜角に切って炒め、Bを加えてごぼうがやわらかくなるまで炒める。
③ ②を①に詰《つ》め、オーブンで焼いてこげ目をつける。
④ 器に盛って、白ごまと七味唐辛子をふる。

ピーマン

栄養価が高く、色のあざやかさもうれしい野菜

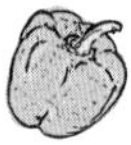

旬：6月〜8月
保存：袋に入れて野菜室

おいしさのポイント

ピーマンは嫌われ野菜の代表ですが、その独特《どくとく》の香りと苦味《にがみ》は、料理ではスパイスのような役割をしてくれます。濃い緑色がアクセントになり、料理を色あざやかにしてくれるのも魅力です。

ピーマンは唐辛子の仲間です。緑色をしているのは未成熟のものを収穫しているからで、完熟させると赤ピーマンになります。赤ピーマンは緑色のものにくらべ、独特の香りがなく、甘味があるのが特徴です。

パプリカも唐辛子の一種ですが、ピーマンにくらべると肉厚で、くせがなく、甘味が強いのが特徴です。しかも、栄養価は緑色のピーマンよりも高いので、ピーマン嫌いの

子どもにもおすすめです。

最近では、赤や黄色、それにオレンジのパプリカも手に入るようになり、さらに食卓を華やかに彩《いろど》ってくれるようになりました。

ピーマンもパプリカも、生のままサラダに入れてもおいしいのですが、加熱すると甘味が増します。網を使った黒焼きや、夏の野菜をいっぱい使ったラタトュイユに入れて、たっぷり食べましょう。

同じく唐辛子の一種である、しし唐辛子がよく煮物で使われているように、ピーマンも煮物にすると、とてもおいしくなります。ヘタは取りますが、種はそのままで、丸ごと煮て食べます。加熱することで、独特の香りや苦味が減るので、ピーマン嫌いの大人にも好評です。

◆パプリカはピーマンよりさらにビタミンが豊富

ピーマンはビタミンが豊富です。とくにビタミンCは、大きめのものなら、レモン1個分くらいが含まれているという、女性にはうれしい野菜です。

ほかにも、目や肌にいいβ-カロテンや、老化を予防するビタミンEも豊富です。緑色のピーマンの独特の青臭さは、血液をサラサラにしてくれるピラジンという成分です。完熟した赤ピーマンになると、さらに栄養価が高まりますが、赤ピーマンは、生産量が少ないので、なかなか入手がむずかしいものです。手に入れやすい緑色のピーマンをたっぷり食べましょう。

パプリカに含まれる栄養はピーマンとあまり変わりませんが、β-カロテン、ビタミンC、Eなどは、ピーマンよりも豊富です。肉厚な分だけ、加熱してもビタミンCが壊れにくいともいわれています。

使い方のポイント

ピーマンは玉ねぎなどと同じく、切り方によって食感が変わる野菜です。繊維《せんい》にそって縦に切ると、しゃきしゃきした歯ごたえが楽しめますし、横に切ると繊維が切れるため、やわらかい食感になります。

ラタトゥイユの場合は、食感を楽しめるように、縦に8等分して、それを斜めに切り、一辺が2～3㎝になるようにします。

パプリカを細切りするときは、そのまま縦に切ると長すぎるので、全体を縦4つに切り分け、それを斜めに切って細切りにします。こうすると長くなりすぎず、見た目がすっきり仕上がります。しゃきしゃきした食感も残るので、サラダなどに適しています。

また、マリネにするなら、パプリカを黒焼きにすると、甘味が増します。黒焼きは、網にのせて真っ黒になるまで転がしながら焼きます。焼けたら、水をかけながら皮をむき、種も取ります。ちょっとしたひと手間ですが、おどろくほどおいしくなります。

◆保存するなら水気をしっかり取る

ピーマンもパプリカも、色つやがよく、ヘタの部分がピンとしていてみずみずしいものを選びましょう。肉厚で重いもののほうがよく、皮の部分にシワが入ったものは、古くなってきた証拠です。

水気に弱いので、表面に水分がついているときは、しっかりとふき取り、ビニール袋などに入れて、野菜室で保存します。

レシピ（2人前）

ピーマンの丸煮

【材料】

●ピーマン：10個
●かつおぶし：1パック
A
だし汁：200ml
しょうゆ：大さじ2
酒：大さじ3
みりん：大さじ1

【作り方】

① ピーマンはじくを切り落し、種やワタは取らずに、丸のままサラダ油で炒《いた》める。
② 少しこげ目がついたらAを入れ、弱火でやわらかくなるまで煮る。
③ 煮えたら器に盛り、かつおぶしをかける。

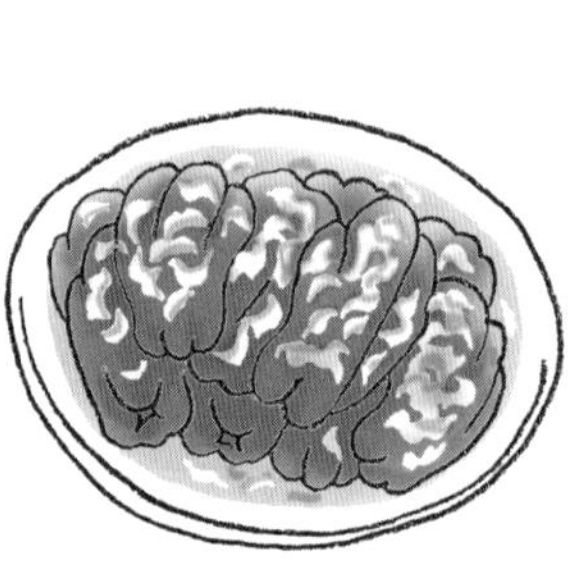

パプリカのベトナム風マリネ

【材料】

●パプリカ（赤、黄）：各1個
●オクラ：4本
●ヌクチャム：適量

【作り方】

① オクラはさっとゆでておく。
② パプリカは、網の上や魚焼きグリルで転がしながら、真っ黒になるまで強火で焼く。
③ ②が真っ黒に焼きあがったら、水をかけながら皮をむき、種とヘタをとる。
④ ①と③を食べやすい大きさに切って器に盛り、ヌクチャムをかける。

菜時記

❖ピーマン嫌いだった下の娘

わが家も下の娘がピーマン嫌いだったので、苦労したものです。「ひと切れだけでいいから食べてね」というのが、わたしの口ぐせで、ハンバーグのなかに、みじん切りにしたピーマンを入れたりもしました。

わたしが子どものころは、ピーマンは、まだ一般的な野菜ではなく、はじめて食べたのは、二十歳すぎのころかと思います。

ピーマンは夏の野菜のなかでも、栄養価はピカイチです。肉詰《にくづ》めにしたり、卵と炒めたりしてもおいしいので、ぜひ好きになってほしいものです。

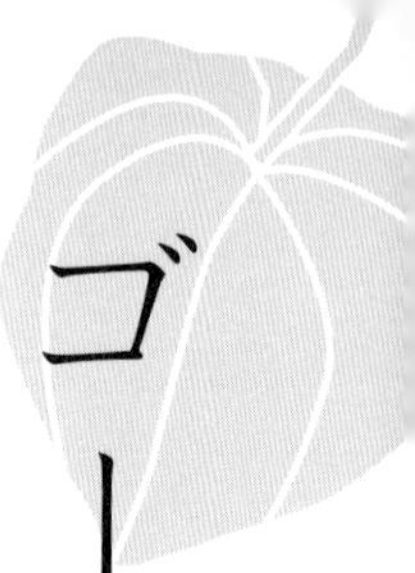

ゴーヤ

旬の夏にこそ、強い苦味を楽しみたい野菜

旬　：7月～8月
保存：ラップで包んで野菜室

おいしさのポイント

「良薬は口に苦し」ではありませんが、野菜の苦味《にがみ》や酸味には、栄養やからだによい成分が含まれていることが多く、取ってしまうのではなく、楽しみたいおいしさの一部だと考えています。そこで、料理するときも、あえて苦味を生かすような調理法を心がけています。

〝Veggie〟では、サラダで使うほかに、「ゴーヤのスープ煮」を出しています。ベトナムでよく食べられている、ワタの部分をくり抜いて、中に肉を詰《つ》めた料理で、苦味がかえっておいしさを引き立たせてくれる一品です。食欲の落ちる夏でも、ぺろりと食べられて、若い人にもたいへん好評です。

使い方のポイント

ゴーヤの苦味をおさえたい人は、軽く塩もみするといいでしょう。ワタをしっかり取りのぞいてスライスしたあとに、塩でもんで、しばらくしたら洗い流すのが一般的です。

また、加熱すると苦味が少し軽減されるので、気になる人は、生よりも加熱するメニューがいいかもしれません。ゴーヤはビタミンCが豊富で、加熱にも強いという特徴があります。

選ぶときは、ゴーヤの特徴であるいぼに注目します。いぼが密集していて、ピンと張りのあるつやのよいものを選びましょう。あまり大きいと味が落ちるので、小ぶりで重みのあるものがおすすめです。

黄色く変色したものや、いぼが黒くなり、実がやわらかくなったものは鮮度が落ちてきています。乾燥に弱いので、保存するときは、ラップや新聞紙で包んで野菜室に入れましょう。

レシピ（2人前）

ゴーヤのスープ煮

【材料】

●ゴーヤ：小1本
●緑豆春雨：10g
●塩：小さじ¼
●玉ねぎ：¼個
●豚ひき肉：100g
●ヌクマム：小さじ1
●にんにく：1片
●砂糖：小さじ½
●パクチー：適量

【作り方】

① ゴーヤは横半分に切り、スプーンを使ってワタを奥までしっかり取る。
② 玉ねぎ、にんにくはみじん切り、緑豆春雨は水で戻して細かく刻む。
③ ②と豚ひき肉をよく混ぜる。砂糖、塩を加えてさらに混ぜる。
④ ①のくり抜いた部分に③を詰めて4等分する。
⑤ 鍋に④と、ひたひたになるように水を入れ、20分煮る。
⑥ ヌクマムと、塩、砂糖（分量外）を少々入れて味をととのえ、器に盛る。
⑦ パクチーのぶつ切りをのせる。

ゴーヤとピーマンの卵炒め

【材料】
●ゴーヤ：½本
●ピーマン：1個
●玉ねぎ：½個
●卵：2個

【作り方】
① ゴーヤは縦半分に切り、スプーンでワタを取って薄切り、ピーマンは半分に切り、種を取って細切り、玉ねぎは薄切りにする。
② 卵は塩を加えて混ぜ、ふんわりと炒《いた》めたら、皿に取っておく。
③ ①を炒め、塩、こしょうをし、②の卵を戻してさっと炒める。

菜時記

❖旅行で出会う新しい野菜

ゴーヤをはじめて食べたのは、遠泳の大会で沖縄に行ったときのこと。ほかにも、へちまの煮物など、沖縄以外ではあまり食べられていない野菜をたくさん食べることができました。

その土地ならではの野菜を食べたり、見たりすることも旅行のだいご味です。いろいろな野菜を食べるほど、野菜の「味の個性」がわかるようになります。

同じ苦味でも、ピーマンとゴーヤでは異なります。

そうしたちがいを楽しむことも、食の楽しみのひとつとして広まってほしいものです。

セロリー・パクチー

強い香りが夏に合う、ビタミンいっぱいの野菜

旬：6月〜9月（セロリー）
6月〜10月（パクチー）
保存：袋に入れて野菜室

おいしさのポイント

セロリーもパクチーも、香りが強く、好き嫌いがはっきり分かれる野菜です。セロリーの香り成分はイライラに、パクチーの香り成分は消化の促進《そくしん》や食欲増進によいとされ、ともにストレスを和《やわ》らげてくれることでも知られます。

セロリーは、塩分をからだの外に出してくれるカリウムが豊富で、葉にはカロテンが含まれています。ぜひ茎だけでなく、葉も食べましょう。

サラダによく使うセロリーですが、ラタトゥイユやポトフのように加熱してもおいしく、煮物もおすすめです。生よりは香りが強くなく、茎も葉もたっぷり食べられます。

パクチーはビタミン類が豊富で、香りが食欲を増してくれたり、消化をうながしてくれたりするので、食欲不振の夏にはもってこい。

〝Veggie〟では、生春巻きやバインセオなどの巻き物、サラダで使っていますが、ベトナムの米粉《こめこ》の麺「フォー」も好評です。フォーは、低カロリーであっさりしているので、夏でもサラリと食べられます。

使い方のポイント

セロリーもパクチーも買うときは、葉の緑色があざやかで、みずみずしいかどうかを確認します。セロリーの葉が落とされているときは、茎が肉厚で白く、すじがしっかりしたものにしましょう。

セロリーは、葉と茎に分けて、ビニール袋に入れて野菜室に立てて入れます。パクチーもビニール袋に入れて野菜室で保存しますが、とくに乾燥に弱いので、湿らせたキッチンペーパーなどでいちど包むとよいでしょう。どちらも足の早い野菜なので、保存するより使い切るのがおすすめです。

レシピ（2人前）

セロリーの煮物

【材料】

- ●セロリー：2本
- ●白ワイン：50ml
- ●バター：10g
- ●しょうゆ：少々

A
- 塩：適量
- こしょう：適量
- ローリエ：1枚
- 固型コンソメ：½個
- 水：150ml

【作り方】

①セロリーは、茎も葉も5cm幅に切る。下の太いところは縦半分に切る。
②鍋にオリーブ油を熱し、①を炒《いた》め、白ワインを加える。
③②にAを入れ、セロリーがやわらかくなるまで30分くらい弱火で煮る。
④最後にバターとしょうゆを加えて少し煮る。

鶏肉のフォー

【材料】

●玉ねぎ：1/8個
●万能ねぎ：4本
●レタス：適量
●パクチー：適量
●もやし：1/4袋
●鶏もも肉：100g
●鶏がらスープ：300ml
●フォー（乾麺《かんめん》）：160g

A
砂糖：小さじ1
塩：小さじ1/2
ヌクマム：大さじ2

【作り方】

① 玉ねぎは薄切り、万能ねぎ、レタス、パクチーはざく切りにする。
② もやしはさっとゆで、鶏もも肉はゆでて食べやすい大きさに裂いておく。
③ 鶏がらスープにAを入れ、ひと煮立ちさせる。
④ フォーの麺は30分ほど水に漬けてからゆで、冷水に取ってしめる。
⑤ 鍋に湯をわかし、フォーの麺をさっと湯通しして温める。器に入れて①と②を上にのせ、③のスープを注ぐ。

※好みで、フライドオニオンとこしょうをふり、レモンや小口切りにした赤唐辛子などを添える。

みょうが・しそ

いつも「脇役」の野菜は調理法を工夫する

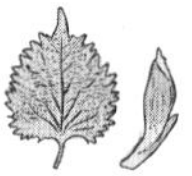

旬：7月～9月（みょうが）
　　6月～7月（しそ）
保存：袋に入れて野菜室

おいしさのポイント

野菜は、いつも主役としてメイン食材になれるものと、脇役として主役を支えるものの、ふたつに分かれます。夏の野菜でいえば、なすやトマトなどはいつも主役になれますが、みょうがやしそは常に脇役です。

ところが、日ごろ脇役になりがちなこうした野菜も、調理の仕方によっては、主役になれるのです。

みょうがは、ぜひ炒《いた》め物にしてみましょう。これは、わたしの友人が教えてくれたのですが、しゃきしゃきとした食感はそのままで、生で食べるよりも香りが立ち、口の中がさっぱりする、たいへんおいしいものです。

しそが主役になる料理といえば、なんといっても天ぷらでしょう。最近は油のあと片づけがめんどうなためか、天ぷらという料理そのものが敬遠されがちと聞きます。天ぷらは、野菜をおいしく食べられる日本の伝統的な料理のひとつなので、とても残念に思います。

しその天ぷらは、すりおろしたれんこんをくるんで揚げる（167ページ参照）など、ほかの食材と合わせることが多いですが、シンプルに葉だけで風味を味わうのもおすすめです。とくに、野菜の天ぷらは塩で食べるとおいしいものです。天つゆにくらべてさっぱりしていますし、素材の味が生きるように感じます。

シンプルな調理法とシンプルな味つけで食べると、野菜本来の風味まで、逃がすことなく楽しめます。

◆みょうがはからだを温めてくれる

みょうがは夏が旬なので、からだを冷やす野菜と思われがちですが、じつはしょうがの仲間で、からだを温めてくれる野菜です。独特《どくとく》の香りには、胃の消化を助けたり、発汗《はっかん》をうながしてくれたりする働きがあります。

しそは、ビタミン類やミネラル、食物繊維《しょくもつせんい》などを多く含む、たいへん栄養価の高い野菜で、とくにカロテンとカルシウムが豊富です。香りの成分に、防腐《ぼうふ》作用や殺菌《さっきん》作用があることでも知られています。

使い方のポイント

みょうがは、色つやがよく、形は丸みがあって、身のしまったものを選びましょう。身が開いてきたものや、切り口が茶色く変色したものは、鮮度が落ちている証拠です。しそは、緑色が濃く葉先までピンと張りのあるもの、葉や茎の切り口に黒ずみのないものを選びましょう。

みょうがもしそも乾燥に弱く、足の早い野菜です。湿らせたキッチンペーパーなどで包んで、ビニール袋に入れ、野菜室で保存します。それでも、長くはもちません。できるだけ早く、使い切ってしまいましょう。みょうがは、甘酢漬けにすると日持ちがして、少量でも毎食飽《あ》きずに食べられます。

レシピ（2人前）

みょうがの炒め物

【材料】
- みょうが：3個
- かつおぶし：適量

A
しょうゆ：少々
塩：適量
こしょう：適量

【作り方】
① みょうがを洗い、縦に薄くスライスする。
② ①を炒め、みょうがが透き通ってきたら、Aで味をととのえて器に盛る。
③ かつおぶしを上にかける。

みょうがの甘酢漬け

【材料】
- みょうが：10個

A
砂糖：大さじ3
塩：小さじ1/3
酢：100ml

【作り方】
① みょうがを縦半分に切り、熱湯で1分弱ゆでて、水気を切る。
② Aを混ぜ合わせ、ひと煮立ちさせて冷まし、甘酢を作っておく。
③ ①を②に入れて30分ほど置く。

しょうが

毎日少しずつ食べて、冷えないからだを作る

旬：6月〜8月
保存：新聞紙で包んで常温

おいしさのポイント

みょうがやしそと同じように、しょうがも、メイン食材になることがなかなかない野菜です。すりおろして薬味にするくらい、という人も多いと思います。でも、からだを温めてくれる効果は知ってのとおり。生理痛などにもよいですし、冷房冷えすることの多い女性にとっては、夏でもしっかり食べたい野菜です。

一般的なしょうがは、秋に収穫して、しばらく寝かすことで黄色くなったものが出荷されています。これに対して、6〜8月ごろに収穫して、寝かすことなく出荷されるものを新しょうがといいます。色は白っぽく、茎のつけ根がピンク色をしていて、寝かしたしょうがとくらべてみずみずしく、辛味もそれほど強くありません。

わたしは新しょうがが大好きで、いつもしょうがご飯や甘酢漬けにしています。千切りにした新しょうがを米といっしょに炊き込むと、とても香りのいい、からだを温めてくれるご飯になります。

薄切りした新しょうがをさっと湯がいて甘酢に漬けると、色がピンク色になります。この甘酢漬けは、サラダに入れてよし、刻んでそうめんの具にしてよしと大活躍です。

しょうがを甘酢漬けにしたものは「ガリ」、梅酢漬けにしたものは「紅しょうが」としても知られていますが、手作りすると甘味や酸味を調節できるので、飽《あ》きずにたっぷりと食べられます。甘酢の作り方は、97ページで紹介した「みょうがの甘酢漬け」のレシピを参考にしてください。

また、佃煮《つくだに》にすると常備菜《じょうびさい》になり、サラダに入れたり、チャーハンの具材にしたりと、とても便利です。しょうがご飯ともよく合います。

◆しょうがの薬効は辛味成分にあり

しょうがには、骨を作るときに働くマンガンが豊富です。しかし、注目したいのは、その辛味成分です。血行をよくしてからだを温めてくれるので、冷え性や風邪のひきはじめ、がんの予防にも役立つといわれています。香り成分は胃液の分泌《ぶんぴつ》をうながしてくれるので、食欲のない夏にはぴったりです。

使い方のポイント

しょうがの薬効《やっこう》成分は、その多くが皮の近くに含まれており、切ったりすりおろしたりと、細かくするほど薬効が高まります。新しょうがは、皮をむかずに使いますが、黄色くなったものでも、できるだけ皮はむかずに、なるべく薄く、黒いところを包丁の背で取るくらいにとどめましょう。

選ぶときは、形がふっくらして実が固くしまり、表面が乾燥していないものにしましょう。冷蔵すると早くいたんでしまうので、湿らせた新聞紙で包んで、常温で保存します。

あまって古くなりそうなときは、すりおろして冷凍すると、必要な分だけ解凍して使えるので便利です。

レシピ（2人前）

しょうがご飯

【材料】

- 新しょうが：30g
- 米：2合

A
- しょうゆ：小さじ1
- 塩：小さじ½
- 酒：大さじ2
- だし昆布：10㎝くらい

【作り方】

① 新しょうがは千切りにする。

② 炊飯器にといだ米とAを入れて、2合の線まで水を入れ、①を上にのせて炊く。

③ 炊けたら、具とごはんを混ぜる。

しょうがの佃煮

【材料】

- しょうが：250g
- けずりぶし：10g
- 白ごま：適量

A
- 砂糖：大さじ6
- しょうゆ：200㎖
- 酒：200㎖

【作り方】

① しょうがは皮をつけたまま千切りにする。

② 鍋に①とAを入れ、弱火でこげつかないように1時間くらい煮る。

③ けずりぶしと白ごまを加えて混ぜる。

にんにく

味よし、香りよし、保存も楽な滋養《じよう》野菜

旬　：6月〜8月
保存：網に入れて風の通る場所

おいしさのポイント

薬味として使われる野菜のなかでも、にんにくほど強烈な個性をもつものは、ほかにありません。日本の家庭で使われるようになったのは、比較的最近のことですが、あっという間に広がりました。

わたしもにんにくは大好きで、なんにでも使います。肉料理にはもちろん、ヌクチャムというベトナムのドレッシングにも、にんにくは欠かせません。

たっぷり食べたいときは、にんにくを丸ごと揚げるとおいしいものです。同じく、丸のままをアルミ箔《はく》に包んで蒸し焼きにすると、味がよりまろやかになります。にんにくの芽を炒《いた》めたものも、よく食卓にのぼります。にんにくの実とはちがい、甘味

が強く、子どもでも食べられます。

ただ、にんにくは刺激が強いので、いちどにたくさん食べる必要はありません。しょうがと同じように、毎日少しずつ食べるとよいでしょう。

匂《にお》いが気になる人には、にんにくを熟成発酵《じゅくせいはっこう》させた「フルーツガーリック」がおすすめです。栄養価が高く、プルーンのような味で店でも好評です。

使い方のポイント

にんにくの辛味成分はアリシンといって、豚肉や豆類に多く含まれるビタミンB1とくっつくと、疲労の回復を促進《そくしん》してくれます。アリシンは、刻んだりすりおろしたりすると、より効果が高まります。

選ぶときは、形がふっくらと丸く、しまりがあって、重みのあるものを選びましょう。保存は、網に入れて風通しのよいところに吊るしておけば大丈夫。

また、にんにくは薄皮をむくのが大変という話をよく聞きますが、使うときに縦半分に切ると、簡単にむくことができます。

レシピ（2人前）

にんにくの丸ごと揚げ

【材料】

●にんにく：1個
●サラダ油：適量
●塩：少々

【作り方】

① にんにくは皮つきのまま、なるべく小さな鍋に入れる。
② ①にサラダ油をひたひたに入れ、低温で15分くらい揚げる。揚がったら、熱いうちに皮をむく。
④ 塩を添える。

にんにくの丸ごと蒸し

【材料】

●にんにく：1個

A
塩：適量
みそ：適量
マヨネーズ：適量
コチュジャン：適量

【作り方】

① にんにくは皮つきのままアルミ箔に包み、オーブンで竹串がすっと刺さるくらいまで蒸し焼きにする。焼けたら、熱いうちに皮をむく。
② Aは好みの分量で混ぜて添える。

にんにくの芽の炒め物

【材料】

●にんにくの芽：1束
●エリンギ：適量

A
砂糖：小さじ1
しょうゆ：大さじ1
酒：大さじ1
オイスターソース：大さじ1

※エリンギ以外にも、好みで、しめじやえのきを入れてもよい。
※好みで豚肉を入れてもよい。

【作り方】

①にんにくの芽は、食べやすい大きさに切っておく。
②エリンギは、食べやすい大きさに切る。
③ごま油で①、②を炒める。
④火が通ってきたらAを入れる。

夏の青菜（なつのあおな）

新しい夏の青菜はおひたしで楽しむ

旬　：6月〜9月
保存：袋に入れて野菜室

おいしさのポイント

わたしは青菜が大好きで、毎日でも食べたいと思うほどですが、夏は旬の青菜が少ないので、さびしく思っていました。でも最近は、モロヘイヤ、くうしんさい、つるむらさきなど、日本の伝統野菜ではない新しい青菜が出回るようになりました。モロヘイヤ、くうしんさいは6～9月、つるむらさきは7～8月に旬をむかえます。

新しい野菜は、調理の方法がわからないと敬遠《けいえん》されがちですが、青菜であれば、おひたしにして食べることができます。おひたしは、青菜そのものの味がわかりやすく、そこから自分なりの調理法を考えることができます。まずはおひたしにして、青菜の味を楽しみましょう。

夏の青菜は、強い日差しを浴びても負けずに育つだけあって、どれも栄養価が高く、葉に独特《どくとく》のネバリがあるのが特徴です。とくにモロヘイヤの葉のネバリは強く、スープにしてもおいしくたっぷり食べられます。

くうしんさいは、漢字では「空芯菜」と書きます。その名のとおり、茎の芯《しん》の部分が空洞《くうどう》で、しゃきしゃきと食感のいい野菜です。ベトナムではそこらじゅうに生えていて、どの家庭でも毎日のように食べるポピュラーな野菜です。ゆでてちょっとおくと色が黒くなってしまいます。おひたしにするなら、食べる直前に作りましょう。

つるむらさきも、ベトナムでは定番の野菜です。おひたしのほか、炒《いた》め物にしてもおいしく、どんな肉ともよく合います。

◆栄養たっぷりの夏の青菜

モロヘイヤ、くうしんさい、つるむらさきは、ともにβ-カロテンやビタミン類、ミネラルがとにかく豊富です。モロヘイヤの栄養成分は全野菜のなかでもトップクラス。モロヘイヤにも豊富ですが、くうしんさいは血液や骨の健康を維持するビタミンKと鉄分が、つるむらさきはビタミンKと新陳代謝《しんちんたいしゃ》をうながしたり血液を作ったりするのに働く葉酸《ようさん》が多く含まれています。貧血を起こしやすい人や女性は、とくにたっぷり食べたい野菜です。

また、青菜のビタミンCは熱に弱いので、ゆでたり炒めたりするときは、さっと短時間で済ませるようにしましょう。

使い方のポイント

くうしんさいとつるむらさきは、茎もおいしく食べられますが、モロヘイヤの茎は固くて食べられません。葉の部分だけを取って、さっとゆで、ザルに上げて水で洗います。軽く絞って水気を切ったものをまな板にのせ、包丁でトントンとたたきます。こうすると、モロヘイヤ独特のネバリ気が出てきます。このネバネバは、粘膜《ねんまく》を保護し、肝機能を高める健康効果の高い成分です。

夏の青菜はどれも、葉の緑色があざやかでみずみずしく、茎の切り口が変色していないものを選びましょう。ビニール袋に入れて野菜室で保存できますが、すぐに鮮度が落ちるので、なるべく早く使い切るようにしてください。

レシピ（2人前）

モロヘイヤとトマトのスープ

【材料】

●モロヘイヤ：½束
●トマト：½個
●卵：1個
●パクチー：少々

A
鶏がらスープ：400ml
砂糖：ひとつまみ
塩：少々
こしょう：少々
ヌクマム：少々

【作り方】

① モロヘイヤは葉だけを下ゆでして、ザルに上げて水で洗う。軽く絞って水気を切ったら、包丁で細かく刻んでネバリ気を出す。
② トマトはざく切りにする。
③ Aを煮立て、①、②を入れ、溶《と》いた卵を回し入れる。
④ 器に盛り、上にパクチーをのせる。

もっと多菜に!

新しい野菜に挑戦してみる

ひと口にレタスといっても、葉レタスであるサニーレタスや、形はサニーレタスと同じでも葉先まで緑色をしたグリーンリーフレタス（グリーンカールレタス）など、野菜の種類や品種は、年々豊富になっています。

調理法がわからない野菜は、青菜ならまずおひたし、根菜《こんさい》やいも類なら蒸してみるのがおすすめです。このように、とことんシンプルな食べ方をすると、その野菜の「素」の味がわかり、そこから調理法を考えられるからです。

野菜の種類が増えている一方、調理法はむかしからそれほど変わりません。むしろ、現代は、炒《いた》め物ばかりが多くなり、煮物や漬け物、和《あ》え物は忘れられてきているのではと思うことがあります。

こんな時代だからこそ、むかしながらの煮物や漬け物も、食卓にのぼれば新鮮に見えるはず。

新しい野菜を、むかしながらの調理法で、もっとたくさん食べてみてはいかがでしょう。

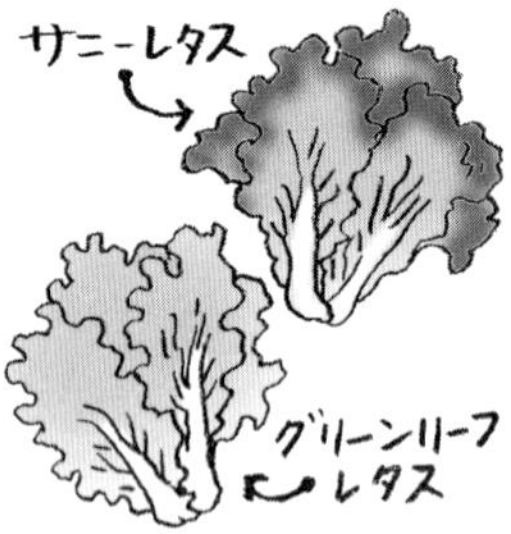

〈パート3〉

秋の野菜

かぶ

葉まですべてを食べられる、ほのかな甘味の秋野菜

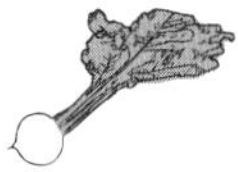

旬　：10月～12月、3月～5月
保存：袋に入れて野菜室

おいしさのポイント

かぶはほんのり甘味があり、煮ても炒《いた》めてもおいしく食べられる野菜です。白い根の部分はほとんどが水分で、火の通りがよく、調理の時間が短くて済むのもうれしいところ。

秋から冬にかけての10～12月と、春の3～5月が旬の時期になりますが、かぶは寒くなるにつれ甘味が増すので、秋から冬にかけてのほうが、とくにおいしく食べられます。

全国的にご当地のかぶがあることも、かぶの魅力のひとつです。一般的なかぶは、小《こ》かぶという品種ですが、大阪の天王寺《てんのうじ》かぶ、岐阜の飛騨紅《ひだべに》かぶなど、全国で80種

類ほどもあるといわれています。

なかでも有名なのは、京都の聖護院《しょうごいん》かぶでしょう。

聖護院かぶは、千枚漬けなどに使われる大きなかぶで、普通のかぶよりも固く、煮くずれしにくいという特徴があります。これをクリーム煮にすると絶品です。牛乳で煮てもおいしいのですが、あえて豆乳を使うと、あっさりとまろやかな味になり、たっぷり食べることができます。

ほかにも、油揚げと煮たり、生のまま薄切りにして梅肉《ばいにく》で和《あ》えたり、生しいたけといっしょに炒めたりと、簡単な料理もおすすめです。

かぶの甘味を楽しむには、薄味が基本です。味つけが濃くならないように、注意しましょう。

◆葉の部分はβ-カロテンが豊富な緑黄色野菜

かぶの白い根の部分は、カリウムやビタミンCが多く含まれています。一方、葉の部分は、β-カロテンを多く含む緑黄色野菜《りょくおうしょくやさい》です。

β-カロテンは、体内でビタミンAに変わり、目の疲れや、風邪の予防、髪や爪、肌の調子を保つのに役立ちます。ほかにも、ビタミンB類、ビタミンC、E、カリウムやカルシウム、鉄や食物繊維《しょくもつせんい》と、葉の部分は栄養たっぷりなので、ぜひ捨てないで料理に使いましょう。

かぶの葉は「すずな」ともいって、せりや大根などとともに1月7日に食べる「春の七草」のひとつにも数えられています。むかしの人にとっても、貴重な栄養源だったことがわかります。

かぶの炒め物や煮物を作るときは、葉もざく切りして最後に加えたり、和え物で残ってしまったときは、みそ汁の具にしたりすると食べるのも簡単です。

また、かぶの葉は火を通しすぎると、ぐだぐだになってしまいます。しゃきしゃきとした歯ごたえが多少残っているくらいで調理を終えるのが、おいしく食べるポイントです。

使い方のポイント

根の部分をくし切りにするときは、茎のつけ根である頭のじくの部分を少し残すようにします。こうすると少しだけ緑色の部分が見えて、仕上がりがぐっとよくなります。

ただ、茎のつけ根は、土がたまりやすい場所です。葉を切り落としたら、水を入れたボウルに根をつけ、つまようじでつけ根の汚れをかき出してから使うようにしましょう。

◆根と葉はできるだけ早く切り分ける

選ぶときは、根と葉の両方を見るようにしてください。根は、ひび割れや傷《きず》、細いひげ根のない、ピンと張りがあるものにしましょう。頭のじくの部分がしっかりとしていて、きれいなものが新鮮な証拠です。葉は、緑色があざやかで、みずみずしく、黄色や茶色に変色していないものを選びます。

かぶは、葉の部分が根の水分を吸い上げてしまうので、なるべく早く、葉を切り落とすようにします。葉も根もビニール袋に入れて野菜室で保存しますが、とくに葉は乾燥に弱いので、湿らせた新聞紙などで包むといいでしょう。それでも長くは持ちません。なるべく早く使い切ってしまいましょう。

レシピ（2人前）

聖護院かぶのクリーム煮

【材料】

●聖護院かぶ：1個　●鶏がらスープ：300ml　●豆乳：200ml
●玉ねぎ：½個　●なたね油：大さじ2
●厚切りベーコン：50g　●小麦粉：大さじ2
※聖護院かぶの葉がない場合は、ブロッコリーやきぬさやでもよい。
※なたね油がない場合は、バターでもよい。

【作り方】

① 聖護院かぶは厚めに皮をむき、すじを取って大きめの乱切り、かぶの葉はゆでて3cmくらいに切っておく。玉ねぎはくし形切り、厚切りベーコンは5mm厚さの短冊切りにする。
② 鍋になたね油(分量外)を熱し、①を炒める。
③ ②に鶏がらスープを入れ、かぶがやわらかくなるまで煮る。
④ 別の鍋になたね油を入れ小麦粉を炒める。豆乳を少しずつ加えホワイトソースを作る。
⑤ ④を③に加え、とろっとなじむまで煮て、塩、こしょうで味をととのえる。

かぶと生しいたけの炒め物

【材料】
●かぶ…2個
●しょうが…½片
●生しいたけ…2枚

A しょうゆ…少々
豆板醤《とうばんじゃん》…小さじ½

【作り方】
① かぶは茎を2㎝ほど残して切り、皮をつけたまま5㎜厚さに切る。葉は3㎝ほどに切る。しょうがは千切り、生しいたけは、石づきを取って薄切りにする。
② フライパンにサラダ油を熱し、かぶの根、生しいたけを炒めたら、しょうが、かぶの葉を加えてAで味をつける。

菜時記

❖かぶは漬け物でもおいしい

いまでこそ、炒め物にしたり煮物に使ったりと、いろいろな調理法があるかぶですが、むかしは、漬け物にして食べるのがほとんどでした。辛子漬けや甘酢漬けが、毎日のように食卓にのぼりました。

むかしのかぶは、現在の「小かぶ」品種よりも根が大きく、葉もついたまま売られているのが普通でした。使い切れない葉は、刻んでニワトリのえさにしたものです。

かぶは生で食べてもほんのり甘くおいしい野菜です。ぜひ、漬け物も試してみてください。

にんじん

ほかの野菜や、とくにフルーツとの相性もいい野菜

旬　：10月〜12月、5月〜7月
保存：袋に入れて野菜室

おいしさのポイント

にんじんは、たいへんからだにいい野菜です。豊富に含まれるβ-カロテンは、免疫《めんえき》力《りょく》を高めて、心臓病やがんなどを予防する効果があるとされています。おいしくたくさん食べるには、ほかの食材とうまく組み合わせるのがポイントです。

とくに、にんじんが苦手な子どもには、栄養素を壊さずに、しかも生のままたくさん摂《と》れるジュースがいいでしょう。わたしの夫も、子どものころからだが弱かったので、いつもにんじんとりんごをすりおろしたジュースを飲まされていたそうです。

ジュースを作る際は、レモン汁か酢を入れるようにしましょう。にんじんには、アスコルビナーゼというビタミンCを壊してしまう酵素《こうそ》が含まれています。この酵素

は、熱や酸によって働きが弱まります。にんじんジュースにレモン汁や酸を入れることで、ビタミンCが壊れるのを防《ふせ》ぐことができるのです。

にんじんの赤と大根の白が華やかな「なます」は、正月だけでなく、いつでも食べたい一品です。簡単に作れて量が食べられ、しかもお酢を使っているため、からだにうれしいことばかり。りんごや柿など、くだものを一品追加するだけで甘味が加わって、子どもでもよろこんで食べるようになります。

沖縄の郷土料理・にんじんしりしりも、にんじんがたっぷり食べられると人気です。太めの千切りができるしりしり専用のスライサーを使うと、調理も簡単です。

使い方のポイント

選ぶときは、赤みが強く、張りのあるものにしましょう。にんじんは、乾燥にも湿気にも弱いので、水気をよくふき取ってビニール袋に入れてから野菜室で保存します。また、β-カロテンは皮のすぐ内側に多いので、皮はむかずに、表面の汚れを落とす程度でそのまま調理しましょう。

レシピ（2人前）

にんじんと大根の煮和え

【材料】

●にんじん…小½本
●大根…¼本
●油揚げ…1枚
●だし昆布…5㎝

A
砂糖…大さじ4
塩…少々
酢…100㎖
水…100㎖

【作り方】

① にんじん、大根は4㎝長さの拍子《ひょうし》切り、油抜きした油揚げ、だし昆布は千切りにする。
② にんじん、大根はさっとゆでて、ザルに上げる。
③ 鍋に②とだし昆布、Aを入れ、にんじんがやわらかくなるまで煮る。

にんじんのベトナム風サラダ

【材料】

●にんじん：1本
●塩：小さじ1/4
●パクチー：適量
●ヌクチャム：適量
●ピーナッツ：適量

【作り方】

① にんじんは皮をむいて千切りにし、塩をまぶして水気が出たらよく絞る。
② ボウルに①とパクチーを入れてヌクチャムで和《あ》え、砕いたピーナッツをかける。

にんじんしりしり

【材料】

●にんじん：1本
●卵：1個

【作り方】

① にんじんをしりしり用のスライサーでスライスする。
② ①を炒《いた》めて、塩、こしょうで味をつける。
③ ②に溶《と》いた卵を回し入れ、箸《はし》で混ぜながらいり卵風に仕上げる。

※しりしり用のスライサーがない場合は、薄切りにしたにんじんを4㎜幅くらいの太めの千切りにする。

じゃがいも

加熱に強く、使い勝手もいい美容野菜

旬　：9月～11月、6月～7月
保存：新聞紙で包んで冷暗所

おいしさのポイント

じゃがいものいいところは、少量だけ使うということがなく、どんな調理法でも、たっぷり食べられるという点です。豊富なビタミンCは、でんぷん質に守られているので加熱しても減りにくく、カロリーは同量のごはんの半分程度。食物繊維《しょくもつせんい》も多いので、ぜひいっぱい食べてほしい野菜です。

「おふくろの味」としてむかしから人気の肉じゃがや、ラタトゥイユのような煮物、ポテトサラダ、みそ汁や根菜《こんさい》のスープといった汁物と、使い勝手のよさもバツグンです。時間がないときでも、ベーコンなどを使った炒《いた》め物なら、簡単にたっぷり食べられます。

使い方のポイント

じゃがいもには、「男爵《だんしゃく》いも」に代表される、やわらかくて煮くずれしやすい品種と、「メークイン」などの、火を通しても煮くずれしにくいものがあります。

わたしは、肉じゃがの場合は、じゃがいもがとろけるようになるのがおいしいと思うので、男爵いもを使っています。一方、ポトフやおでんなどのように、煮くずれさせたくない料理には、メークインを使います。

ただ、ご家庭で食べるのであれば、それほど悩む必要はありません。大きめに切れば、多少煮くずれても大丈夫。むしろ、じゃがいも自体の味が淡泊《たんぱく》だからと、ついつい濃い味つけにしてしまわないように注意しましょう。

選ぶときは、種類にかかわらず、表面にシワや傷《きず》が入っていないか、芽が出ていないか、持ったときに適度な重みがあるかを確認します。日光を浴びると、全体に緑色がかかり、芽が生えてきてしまいます。冷蔵庫に入れる必要はありませんが、冷暗所で保存しましょう。緑色がかってしまったり、芽が生えてきたりしたら、その部分はしっかりと取って使うようにしましょう。

レシピ（2人前）

肉じゃが

【材料】

●じゃがいも：3個
●玉ねぎ：1個
●牛肉：100g
●しらたき：½玉
●だし汁：400ml
●砂糖：大さじ3
●しょうゆ：大さじ2
●酒：大さじ2

【作り方】

① じゃがいもは皮をむいて4つ切りにし、水にさらす。玉ねぎはくし形切り、牛肉はひと口大に切る。しらたきは、食べやすい長さに切る。
② 鍋にサラダ油を熱し、①を軽く炒める。
③ じゃがいもに油が回ったらだし汁、砂糖を入れて中火で5分煮る。
④ アクを取り、しょうゆ、酒を加えて5分煮る。
⑤ じゃがいもの周りが煮くずれてきたら火を止める。

じゃがいもとベーコンの炒め物

【材 料】
●じゃがいも：2個
●にんにく：1片
●玉ねぎ：1個
●ベーコン：100g

【作り方】
① じゃがいもは皮をむいて1cm幅に切り、塩（分量外）を入れた湯で固めにゆがいて水気を切る。
② にんにくは薄切りにする。
③ 玉ねぎは薄切り、ベーコンは1cm幅に切る。
④ フライパンにサラダ油と②を入れて弱火にかけ、香りが立ったら③を、さらに①を加えて炒め、塩、こしょうで味をととのえる。

菜時記

❖母の肉なし「肉じゃが」

母の作る肉じゃがはいっぷう変わっていました。母が肉を好まなかったため、なんと肉抜きだったのです。じゃがいものほかに、玉ねぎやにんじんを炒めてしらたきを入れ、しょうゆで煮込んだものでした。

「それで肉じゃがといえるのかしら？」と、首をかしげる方もいらっしゃることでしょう。

ところが、わが家では、この摩《ま》訶《か》ふしぎな料理が「肉じゃが」としてまかり通っていました。

いまとなっては笑い話ですが、ときどき食べたくなるなつかしい味です。

さつまいも

甘味を生かして、おやつとしても楽しめる野菜

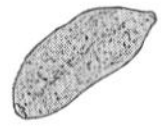

旬：9月〜11月
保存：新聞紙で包んで冷暗所

おいしさのポイント

さつまいもといえば、子ども時代、おやつの定番でした。ふかしたてのさつまいもやゆでたてのとうもろこしを、よく食べたものです。

わたしの郷里《きょうり》である愛知県名古屋市には、さつまいもを角切りにしたものに、小麦粉と砂糖を混ぜ込んで蒸し上げる、「鬼まんじゅう」というおやつもありました。もちもちとした食感で、蒸されたさつまいもは甘さが格別。東京では見かけませんが、名古屋ではデパ地下などでも売っているポピュラーなおやつです。

さつまいものカロリーは、小麦や米よりも低いので、蒸し菓子や米に入れて炊くと、同量の小麦や米を食べるよりも低カロリーにおさえることができます。

また、さつまいもは、いも類のなかでもっとも食物繊維《しょくもつせんい》が豊富です。ビタミンCやBも多く、整腸《せいちょう》作用もあるので、肌が気になる方には、おすすめです。

食欲がないときでも、いも粥《がゆ》にすると、たっぷり食べられます。さつまいもの食物繊維は、腸で水を吸ってふくらみ腹持ちがよくなるので、お粥で食べても満腹感が得られます。

使い方のポイント

選ぶときは、表皮《ひょうひ》にデコボコのない、色つやのいいものを選びます。黒く変色したもの、ひげ根の多いものは避けましょう。形は、真ん中がよくふくらんで、ずっしりと重みのあるほうがよく、細いものやヒョロヒョロしたものは味が落ちます。

さつまいもは、低温を嫌います。冷蔵庫には入れず、新聞紙で包んで、冷暗所に保存しましょう。

また、さつまいもは、皮やそのすぐ内側に栄養が多く含まれています。できれば皮は、むいたり残したりせずに食べるようにしましょう。

レシピ（2人前）

鬼まんじゅう

【材料】

●さつまいも：中1本
●砂糖：50～60g
●小麦粉：60g

【作り方】

①さつまいもは1㎝角に切り、たっぷりの塩水にさらしてアクを抜く。
②①をザルにあけて1時間くらい水切りする。ボウルに移して砂糖を加え、全体をなじませる。
③1時間くらいして水分が出てきたら、小麦粉を加え、よく混ぜる。
④蒸し器にクッキングペーパー（9㎝角に切る）を敷き、その上にスプーンで形をととのえながら③をのせ、15分蒸す。

いも粥

【材料】

- ●さつまいも：小1本
- ●米：1合
- ●水：400ml
- ●塩：少々

【作り方】

① さつまいもは皮を縞《しま》目にむき、5㎜幅のいちょう切りにしたら、水につけてアクを抜く。

② 鍋に①、といだ米、水、塩を入れて強火にし、沸騰《ふっとう》したら弱火にして、好みの固さになるまで煮る。鍋底に米がつくので、ときどきお玉で混ぜる。

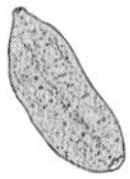

菜時記

❖天ぷらもおいしいさつまいも

さつまいものいも粥は、母がよく作ってくれたレシピです。一方、義母は精進《しょうじん》揚げ（野菜の天ぷら）をよく作りました。

結婚後、家族4人と、両親、叔母夫婦、住みこみの若い人たちと、合計で10人もの食事を作っていた時期もありました。

精進揚げも、さつまいもに玉ねぎ、なすなど、かなりの量を揚げたものです。いつも台所に立ちっぱなしでしたが、それでも大変だと思ったことはありませんでした。きっと、野菜に触れているだけで心が癒され、元気が湧《わ》いてきたからでしょう。

さといも

ネバネバの成分が、からだを内側からきれいにしてくれる

旬：10月～12月
保存：新聞紙で包んで冷暗所

おいしさのポイント

秋になると、さといもややまいもなど、実がネバネバしたいも類が多く出回ります。さといもは食物繊維《しょくもつせんい》が豊富で、独特《どくとく》のネバネバの成分はムチンといって、消化を助ける作用があるので、整腸《せいちょう》や便秘の解消にとても効果的。それでいて、水分が多いので、いも類のなかでも低カロリーです。

また、さといもの小いもは、「きぬかつぎ」といって、皮つきのままふかしただけで食べられます。ぶどうのように、食べるときに口の中でツルリと皮がむけるので、子どもにもよろこばれます。〝Vegg·ie〟でも、きぬかつぎのせいろ蒸しや、だし汁と薄口しょうゆで煮たものを出していますが、一つひとつが小さいので、いくらでも食べ

られると、とても好評です。

さといもの定番は、なんといっても煮物ですが、シンプルに長ねぎと作るみそ汁もおすすめです。からだがしっかり温まるので、冬に向けて冷え込んできた朝にもぴったりです。

使い方のポイント

「さといもは皮をむくのがめんどう」と言う人もいますが、いちど水からゆでたり、蒸したりすると、手だけでスルリとむくことができます。

選ぶときは、表面に傷《きず》がないかを確認し、実の軽いものや、押してみてやわらかいものは避けましょう。さといもは、たいてい土のついた状態で売られています。これは、さといもが乾燥と寒さに弱いためです。ですので、土が乾いたものより、湿った泥のような状態のものを選びましょう。

保存の際も、表面の土は落とさないようにし、新聞紙などで包み、冷暗所で保存しましょう。

レシピ（2人前）

さといもの煮ころがし

【材料】

●さといも：8個

A
だし汁：200ml
砂糖：大さじ1
しょうゆ：大さじ1
みりん：大さじ1

【作り方】

① さといもは、大きい場合は適当な大きさに切る。15〜20分、竹串がすっと刺さるまで蒸す。蒸したら温かいうちに皮をむく。

② 鍋に①とAを入れて強火にかけ、煮立ったら弱火にして、煮汁がなくなるまで煮含める。

さといもと長ねぎのみそ汁

【材料】

●さといも：1～2個　●だし汁：450㎖
●長ねぎ：½本　●みそ：大さじ2

【作り方】

① さといもは皮をむき、厚さ5㎜の輪切りにして水にさらす。
② 長ねぎは1㎝くらいの小口切りにする。
③ 鍋にだし汁、水気を切った①を入れ、中火でやわらかくなるまで煮る。
④ ②を加え、みそを溶《と》き入れる。

きぬかつぎ

【材料】

●さといも：小さいものを適量
●塩：適量
●ねぎみそ：適量

【作り方】

① さといもはたわしでよく洗って、下のほうを切り落とす。
② 15～20分竹串がすっと刺さるまで蒸す。
③ 好みで塩やねぎみそを添える。

やまいも

調理法によって食感が変わる、食べるのが楽しい野菜

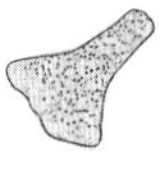

旬：10月～12月
保存：新聞紙で包んで冷暗所

おいしさのポイント

一般に「やまいも」と呼ばれるものには、大和《やまと》いもや長いも、自然薯《じねんじょ》など、いろいろな種類があり、それぞれ、調理方法によって食感が変わります。

やまいもは、ネバネバ成分のムチンや、カリウム、食物繊維《しょくもつせんい》などが豊富で、でんぷんを分解する酵素《こうそ》を含みます。消化を促進《そくしん》し、胃もたれなどを防《ふせ》いでくれるので、味は少々淡泊《たんぱく》ですが、その分食感を楽しみながら、たっぷり食べましょう。

ネバリの強い大和いもは、すりおろしてとろろ汁にするのがおすすめです。だし汁で割る人もいますが、わたしは、ネバリが強く、いもの味がするほうがおいしいと思うので、薬味をのせるだけで食べています。

長いもはシンプルに、生のまま千切りにして、刻みのりをのせ、わさびとしょうゆで、しゃきしゃきとした食感を楽しみます。また、煮物にしてもおいしく、こうすると、食感はしゃきしゃきからほくほくに変わります。

また、やまいもの葉のつけ根にできる丸いものは、「むかご」といいます。これを炊きこんだ「むかごご飯」は、秋の一時期にしか口にできない、まさに旬の味。小さいのに、いものコクがしっかりしていて、やみつきになるおいしさです。

使い方のポイント

やまいもは、品種を問わず、表面に傷《きず》や黒ずみ、へこみなどがなく、形のしっかりとしたものを選びましょう。切ってパックに入っていたり、真空パックにされたりして売られているものは、切り口をよく見て、変色のないものにしましょう。

手がかゆくなる人は、切ったあとに酢水につけると、手のかゆみが起こるのを防げます。また、酢水につけると、やまいもの変色も防げます。

乾燥を嫌うので、新聞紙で包んで冷暗所で保存します。

レシピ（2人前）

長いもの煮物

【材料】

●長いも：20cmくらい
●片栗粉：適量
●万能ねぎ：少々

A
だし汁：300ml
薄口しょうゆ：大さじ1
酒：大さじ1
みりん：大さじ1

【作り方】

① 長いもは4cm厚さに切り、皮をむく。さらに縦半分に切って酢水にさらし、流水で洗う。
② 鍋に①とAを入れて落とし蓋《ぶた》をし、弱火で15分くらい煮て器に盛る。
③ 鍋に残った煮汁に水溶《と》き片栗粉で薄いとろみをつけ、②にかける。
④ 万能ねぎを小口切りにして、③の上に散らす。

むかごご飯

【材料】

- むかご：100〜150g
- 米：2合
- だし昆布：5㎝

A
しょうゆ：小さじ1
塩：少々
酒：大さじ1

【作り方】

① むかごはよく洗って水を切っておく。
② 炊飯器にといだ米、だし昆布、Aを入れ、水を2合の線まで入れ、①を上にのせて炊く。
③ 炊けたら、具とご飯を混ぜる。

やまいものお好み焼き

【材料】

- やまいも：20㎝くらい
- キャベツ：葉1枚
- 長ねぎ：½本

A
だし汁：大さじ1
塩：少々
卵：1個
ごま：少々
片栗粉：大さじ1

【作り方】

① やまいもはすりおろし、キャベツはみじん切り、長ねぎは小口切りにして、Aと混ぜる。
② フライパンにサラダ油を引いて熱し、①を入れ、焼き目がついたら裏返す。
③ 好みで、お好み焼きソース、マヨネーズ、青のり、けずりぶしなどをかける。

とうもろこし

加熱することで甘味が増す栄養価の高い野菜

旬　：9月〜10月
保存：ラップで包んで野菜室

おいしさのポイント

とうもろこしは、中南米では主食として食べられるなど、栄養価の高い野菜です。コレステロールを下げることで知られるリノール酸や、ビタミンB、Eなども含まれています。また、食物繊維《しょくもつせんい》が豊富なので、腸《ちょう》をきれいにしてくれます。旬の栄養価が高い時期に、たっぷり食べましょう。

とうもろこしは、加熱すると甘味が増すので、揚げてもたいへんおいしく食べられます。ベトナムでよく食べられている、とうもろこしとエビの揚げ物は、食感と香りのいい組み合わせで、お酒のつまみにもよく合います。

また、スープ（ポタージュ）にすると、おどろくほどの量が摂《と》れるものです。消化もよくなるので、食欲がないときや、体調がよくないときは、とくにおすすめです。

使い方のポイント

選ぶときは、皮の緑色が濃いもの、ひげが濃い茶色でふさふさしたもの、実（粒）が見えるときは、ひと粒ひと粒がピンと張りのあるみずみずしいものを選びましょう。とうもろこしのひげは、めしべの一部です。つまり、実が多いものは、それだけめしべの本数も多くなります。

とうもろこしは、実の根元部分にあたる「胚芽《はいが》」に栄養が多く含まれています。芯《しん》から実を外すときは、包丁などを使わず、手で胚芽部分を残さないように、ていねいに外しましょう。

ラップで包んで野菜室に入れれば保存ができますが、とうもろこしは収穫した直後から、栄養も味も落ちていきます。買ってきたら、できるだけその日のうちに使い切ってしまいましょう。量が多いときは、ふかすかゆでるかしてからラップで包んで野菜室で保存します。

レシピ（2人前）

とうもろこしのベトナム風揚げ

【材料】※とうもろこしは、実のみの分量

- とうもろこし：1本分
- バインセオ粉：大さじ½
- 青ねぎ：少々

A
- 塩：ひとつまみ
- バインセオ粉：20g
- 小麦粉：10g
- 水：大さじ3

※とうもろこしの実がない場合は、缶詰でもよい。
※バインセオ粉がない場合は、天ぷら粉でもよい。

【作り方】

① とうもろこしはバインセオ粉をまぶしておく。青ねぎは小口切りにする。
② Aを混ぜて衣をつくり、①を加えてさっくりと混ぜる。
③ サラダ油を熱し、②を入れてパリッと揚げる。

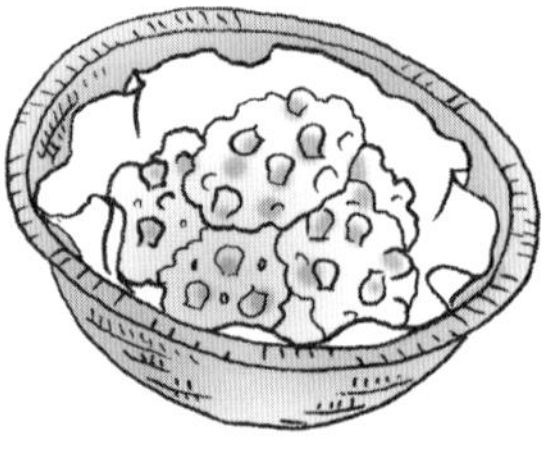

とうもろこしのチェー

【材料】

- とうもろこし：1本
- 水：200㎖
- グラニュー糖：40g
- 片栗粉：大さじ½

【作り方】

① とうもろこしは外皮をむく。ひげを別容器に取りおき、実をていねいに外す。
② 鍋で水を沸かして①のひげを入れ、香りが出たら実を加える。
③ 弱火で10分くらい煮たら、ひげを取りだす。
④ グラニュー糖を加えて煮溶《と》かし、水溶き片栗粉でとろみをつけたら器に盛る。

菜時記

❖ひげまで楽しむスイーツ

日本では、野菜を使ったスイーツというだけで話題になりますが、ベトナムではそんなの当たり前。なかでも、わたしの印象に残っているのが、今回紹介した、とうもろこしのチェーです。

チェーは火を通した甘いおやつで、ベトナムでは屋台などで売られています。

ひげといっしょに煮るというのが意外でしたが、じつはひげの部分にこそ、とうもろこしのいい香りが宿っているのだそうです。

日本ではなかなか食べられないのが残念ですが、自分でも作れるので、ぜひ試してみてください。

きのこ

カロリーを気にせず、たっぷり食べられる山のめぐみ

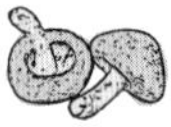

旬　：9月～11月
保存：袋に入れて野菜室

おいしさのポイント

きのこは、独特《どくとく》の風味のよさと、コリコリ、しゃきしゃきとした歯ごたえが特徴の野菜です。また、とても低カロリーなので、安心してたっぷり食べられます。

9～11月に旬をむかえるのが、まいたけとしいたけです。なめこやしめじも9月ごろから、えのきだけは少し遅く、11月くらいからが旬になります。

きのこには、ビタミンB群が多く含まれています。まいたけやエリンギに豊富に含まれるビタミンB群の一種ナイアシンは、炭水化物や脂質《ししつ》の代謝《たいしゃ》やアルコールの分解を助けてくれるので、お酒を飲む人にはぴったり。なめこは、ナイアシンのほかに、ネバネバ成分のムチンが胃の粘膜《ねんまく》をアルコールから守ってくれます。

しいたけやしめじに多いエルゴステロールは、日光にあたるとビタミンDに変わり、香りもよくなります。調理の前に時間があるときは、日に当ててみましょう。

使い方のポイント

きのこは、火の通りが早いので、調理の時間に気をつけましょう。炒《いた》め物や鍋物でも、最後に加えてさっと火を通し、食感が残るようにします。また、きのこは単品で食べてもおいしいですが、何種類かをミックスすると、味と香りに深みが増して、いっそうおいしくなります。残ってしまったきのこは、全部まとめてマリネにするのがおすすめです。

選ぶときは、かさが開いていなくて、みずみずしいものにしましょう。石づきは落とさず、買ってきたパックやビニール袋に入った状態のまま野菜室で保存しますが、すぐに鮮度が落ちてきてしまいます。なるべく早く使い切りましょう。

また、水で洗うと風味が落ちるため、水洗いは避け、汚れはティッシュペーパーなどでやさしくふき取るようにしてください。

レシピ（2人前）

きのこのつぼ焼き

【材料】

●生しいたけ：2枚
●しめじ：½パック
●えのきだけ：½パック
●マッシュルーム：2個
●玉ねぎ：¼個
●厚切りベーコン：20～30g
●バター：大さじ1
●小麦粉：大さじ1
●牛乳：200㎖
●鶏がらスープ：大さじ2
●パイシート：2枚

【作り方】

① きのこは石づきを取り、小房《こぶさ》に分けるか4等分に切る。玉ねぎは薄切り、厚切りベーコンは1㎝角に切る。
② 鍋にバターを溶《と》かし、①の玉ねぎを炒め、きのこ、厚切りベーコンを加えて炒める。
③ ②に小麦粉を入れてひと混ぜし、牛乳、鶏がらスープを加え、塩、こしょうをする。
④ 弱火で7～8分煮たら、味をみて、塩、こしょうで味をととのえる。
⑤ 耐熱容器に④を等分に入れ、容器の口径よりひと回り大きめに切ったパイシートを上にのせて、250℃に温めたオーブンで15～20分焼く。

きのこのマリネ

【材料】

- 生しいたけ：２枚
- しめじ：½パック
- エリンギ：１本
- 玉ねぎ：½個
- にんにく：１片
- レモン：½個
- レタス：２枚

【作り方】

① きのこは石づきを取って、小房に分けるか薄切りにする。玉ねぎとにんにくは薄切りにする。
② フライパンに、にんにくとオリーブ油を入れて弱火にかける。香りが立ってきたら、玉ねぎ、きのこを加えて中火で炒め、塩、こしょうで味をととのえる。火が通ってきたら、レモンの絞り汁を加え、混ぜ合わせる。
③ ②を容器に移して粗熱を取り、冷蔵庫で冷やす。
④ 器にレタスをちぎって敷き、その上に③を盛る。

もっと**多菜**に!

作り置きのできる調理法を活用する

いちど作ってしまえば何日ももつ、作り置きのできるメニューというのは、とても便利なものです。

その日に作るものが少なくても、作り置きがあれば、品数を増やすことができるので、いそがしい人にこそ、おすすめです。

野菜なら、煮物や漬け物といった、むかしながらの調理法が作り置きには適しています。煮物は、基本の作り方さえ覚えれば、あとは旬の野菜を使うことで、バリエーションが豊富になります。

また、佃煮《つくだに》や甘酢漬けなら、捨てられてしまうような葉や皮の部分も、使い切ることができます。

最近は漬けていませんが、わたしも、むかしは、ぬか漬けやキムチを漬けていました。多少の手はかかりますが、やはり自分で漬けたものはおいしく、家族みんなでたっぷり食べたものです。

むかしながらの作り置きができる調理法は、じつは野菜をたくさん食べる近道なのです。

〈パート4〉

冬の野菜

大根（だいこん）

おろしても煮てもおいしい、使い勝手のいい野菜

旬：11月～3月
保存：袋に入れて野菜室

おいしさのポイント

一年じゅうスーパーに並んでいる大根ですが、もともとは、秋から冬にかけて甘味が増してくる冬の野菜です。「夏大根」といって、7～8月に出回るものもありますが、少し辛味が強いため、冬のもののほうがおいしく食べられます。

大根は、白い根の場所によって、味の異なる野菜です。上の甘いところは、生で食べる大根おろしやサラダなどがおすすめです。おろすと大根はとても食べやすくなります。根の部分には、ジアスターゼというでんぷんの消化をうながす酵素《こうそ》が含まれていて、胃もたれや胸やけを防《ふせ》いでくれます。

また、根の部分は、ビタミンCも豊富です。ジアスターゼもビタミンCも、熱に弱い

ので、こうした成分を効率よく摂《と》るには、生でおろして食べるといいといわれていま
す。天ぷらのように、消化に時間がかかる料理には、よく大根おろしが添えられて
いますが、これはとても正しい組み合せなのです。

これだけからだにいいのですから、添えるだけではもったいない。毎食でも食卓に
のせたい一品です。

少し塩味があるものと混ぜると、より大根の甘味が引き立つので、じゃこなどと
合わせるとおいしく食べられます。

大根おろしは酢との相性もいいので、ポン酢などともよく合います。ビタミンCは
おろすと壊れやすくなるのですが、酢にはこれを防ぐ作用があります。おろしたら
すぐに酢を少量混ぜましょう。おいしくなるだけでなく、栄養的にもいい組み合わ
せといえます。

◆辛味の強い根の部分は、加熱すると甘味が増す

サラダにするときは、にんじんやキャベツなど、ほかの野菜といっしょに作ると、大
根が食感のアクセントになり、飽《あ》きることなくたくさん食べられます。

根の真ん中の部分は大きく切って、おでんやふろふき大根など、大根そのもののおいしさを味わうような料理に使うのがおすすめです。

大根には火を通すと甘味を増す性質があるので、辛味の強い根の下のほうはスープやみそ汁などに使いましょう。

また、「大根あめ」といって、風邪をひいたとき、生の大根を1㎝角に切ってはちみつをかけておき、大根から出た水分を飲むという民間療法も古くから知られています。とくに、のどが痛いときにおすすめです。

使い方のポイント

大根の根の部分は、90%以上が水分です。そのため、サラダなど大根を生で食べる場合、水分が多すぎて水っぽくなってしまいます。そこで、千切りした大根に軽く塩をふって2~3分おき、水洗いしてギュッと絞ってから使いましょう。こうすると、歯ごたえは残りながらも、しんなりやわらかくなっておいしくなります。千切りのままより食べやすく、たっぷり食べられるようになります。

また、葉つきの大根を見かけたら、ぜひ買うようにしてください。葉の部分は、β-カロテンが豊富な緑黄色《りょくおうしょく》野菜。じつは、白い根の部分より、葉のほうが栄養は豊富です。

葉の部分は葉とじくに分け、じくは細かく切って佃煮《つくだに》にすると、常備菜《じょうびさい》としてたいへん重宝《ちょうほう》します。大根おろしとの相性もバツグンです。

葉の部分はみそ汁に入れると、たっぷりの量でもかさが減るので、残すことなく使い切ることができます。

◆葉つきで買ってきたときは、すぐに切り落とす

大根を選ぶときは、根の表面に張りとつやのあるものにしましょう。ひげ根が多いもの、傷《きず》のあるもの、持ったときに軽いものなどは避けましょう。

葉がついているときは、緑色があざやかで、黒ずみや黄ばみのないものを選びます。葉がついたままだと、根の水分を吸い上げてしまうので、買ってきたら、すぐに切り分けましょう。それぞれビニール袋に入れて野菜室で保存しますが、葉も根も乾燥に弱いので、湿らせた新聞紙などで包むのもよい方法です。

レシピ（2人前）

大根とにんじんの手羽元煮

【材料】

●大根：½本
●にんじん：½本
●しらたき：1袋
●手羽元：4本

A
だし汁：200ml
砂糖：大さじ1½
しょうゆ：大さじ3
酒：大さじ3
みりん：大さじ1

【作り方】

①大根、にんじんは乱切り、しらたきは食べやすい長さに切る。
②鍋にサラダ油を熱し、①と手羽元を炒《いた》める。
③②にAを入れ、煮立ったら弱火にする。落とし蓋《ぶた》をし、大根がやわらかくなるまで煮る。
④好みで、七味唐辛子をかける。

大根の葉の佃煮

【材料】

- 大根の葉…1本分
- いりごま…適量

A｛しょうゆ…大さじ3
　 酒…大さじ3

【作り方】

① 大根の葉先は切り落とし、じくについた葉も取る。
② じくをさっとゆがき、細かく刻む。
③ ②をごま油で炒め、Aを加えてやわらかくなるまで弱火で煮る。
④ 器に盛り、いりごまをふりかける。

菜時記

❖義母の佃煮と、母の煮物

大根の葉の佃煮を食べるようになったのは、結婚してからのこと。義母がよく作ってくれて、わたしもまねるようになりました。炊きたてのご飯に、甘辛い佃煮をのせると、お米の甘味がいっそう引き立ち、ことのほか食がよく進みます。

冷蔵庫に入れておけば1週間くらいはもつので、葉つきの大根が手に入ったときはかならず作ります。

油揚げやさつま揚げの入った大根の煮物は、母の定番料理です。今回は、手羽元にアレンジして紹介しました。

冬キャベツ

加熱すると甘味が増して、量もたっぷり食べられる

旬　：12月〜2月
保存：袋に入れて野菜室

おいしさのポイント

春キャベツにくらべて葉の巻きが固く、加熱することで甘味が増す冬キャベツ。生でも使えますが、せっかくなので独特《どくとく》の甘味を楽しみましょう。火を通すと、その固さが和《やわ》らいで、たっぷりの量でもおいしく食べられます。

ヘルシーに食べるなら、丸ごと1個をざっくりと8等分にして、「せいろ蒸し」にするのがおすすめです。キャベツの甘味がもっともっとよく味わえます。

からだを温めたいときは、ポトフにしましょう。大ぶりに切った玉ねぎやにんじん、セロリーなどといっしょにコンソメスープで煮込みます。いろいろな野菜の甘味が溶《と》け出したスープも絶品です。子どもといっしょに食べるなら、焼きそばや焼きうど

んの具材に使うとたいへんよろこばれます。キャベツの歯ごたえが楽しめるよう、大きめのざく切りにして、短時間で調理しましょう。

使い方のポイント

キャベツは葉だけでなく、白いじくの部分も食べることができます。あまり知られていませんが、キャベツの甘味は、じつは葉よりもむしろじくのほうにあるのです。大ぶりに切って調理するときは、じくの部分までくし形切りにして使うようにしましょう。

外側の葉は青味が強く、使ったほうがいいのかどうか迷うかもしれません。でも、虫くいのあとやいたみがなければ、内側の葉と同じように食べられます。

短期間で使い切るときは、丸ごと1個を縦半分に切ると、どんな料理でも使いやすくなります。

ひとり暮らしの人などで、食べ切るのに時間がかかるような場合は、切り口からいたんでくるので、外側から1枚ずつ葉をはがして使うといいでしょう。

レシピ（2人前）

ポトフ

【材料】

●キャベツ：½個
●玉ねぎ：1個
●にんじん：小1本
●じゃがいも：小2個
●セロリー：½本
●水：600㎖
●固形コンソメ：2個
●ベーコン：40g
●ウインナー：4本

【作り方】

① キャベツは芯《しん》をつけたまま4等分にくし形切り、玉ねぎは¼にくし形切り、にんじんは乱切りにする。じゃがいもは半分に、セロリーは4㎝長さくらいに切る。

② 鍋に①を入れ、水と固形コンソメを加えて煮る。沸騰《ふっとう》したらベーコン、ウインナーを加え、野菜がやわらかくなるまで煮て、塩、こしょうで味をととのえる。

ベトナム風ゆでキャベツ

【材料】

●キャベツ：¼個
●しょうが：1片
●半熟卵：1個
●湯：大さじ3
●砂糖：大さじ½
●ヌクマム：大さじ1½
●塩：少々

【作り方】

① キャベツはざく切りにし、しょうがは包丁の腹でつぶす。半熟卵は半分に切る。
② 湯で砂糖を溶《と》かし、ヌクマムを加え混ぜる。
③ 鍋に湯(分量外)を沸かし、塩としょうがを加え、キャベツを入れてゆでる。
④ キャベツを器に盛り、①の半熟卵をのせたら、②のタレを回しかける。

菜時記

❖「揚げ物にキャベツ」の知恵

小学生のころ、母と屋台の串カツ屋に寄るのが楽しみでした。

豚肉の串カツとキャベツだけ、というシンプルなメニューなのですが、目の前でカツを揚げてくれることと、四角く切ったキャベツが食べ放題なのがうれしくて、ワクワクしたものです。

キャベツを添えたメンチカツやコロッケなども、ときどきでしたが食卓にのぼりました。

キャベツには胃の働きを助ける作用があります。揚げ物とキャベツをいっしょに食べるのは、理にかなった「先人の知恵」だったのですね。

ごぼう

大きめに切って、香りも食感もしっかり楽しみたい根菜《こんさい》

旬：11月〜2月、4月〜5月
保存：新聞紙で包んで冷暗所

おいしさのポイント

ごぼうは独特《どくとく》の香りをもつ野菜です。ごぼうの入っていない豚汁や筑前煮を想像してみてください。なんだか気が抜けたものになると思いませんか。ぷーんと立つごぼうの香りがあってこそ、完成される料理がたくさんあるのです。

一般的なごぼうの旬は、11〜2月ですが、4〜5月には「新ごぼう」と呼ばれる若いうちに収穫したものが旬をむかえます。

新ごぼうは色が白く細いのですが、冬のごぼうよりやわらかく、香りもいいので、柳川鍋《やながわなべ》などにすると、おいしく食べられます。とはいえ、どじょうを使うのは一般の家庭ではむずかしいものです。牛肉を使った柳川風にして、その分ごぼうをたっぷり

食べましょう。

しゃきしゃきとした歯ごたえも、ごぼうの魅力のひとつです。わたしは、きんぴらごぼうや根菜スープ、せいろ蒸しなどをよく作りますが、たっぷり食べたいからといって薄く切ったり、細かく刻んだりはしません。火の通りがいいので、独特の歯ごたえが楽しめるよう、気持ち厚め、大きめに切るようにしています。こうしたほうが、香りがよいようです。

◆食物繊維が腸内をきれいにしてくれる

ごぼうは、食物繊維《しょくもつせんい》を豊富に含んでいることで知られています。食物繊維には、血糖値《けっとうち》が上がるのを防《ふせ》ぐ作用があります。腸《ちょう》内でゲル状になって発がん性物質や老廃物《ろうはいぶつ》を排出してくれる水に溶《と》けるものと、腸で水分を含んでふくらみ、ぜん動運動を高めてくれる水に溶けないものとの二種類がありますが、ごぼうは、この両方をバランスよく含んでいるのが特徴です。腸内環境をととのえるのに、バツグンの効果があるのはそのためです。

また、ごぼうのアクの正体は、強い抗酸化《こうさんか》作用のあるポリフェノールです。ポリフェノールは、植物の色素や苦味《にがみ》成分に含まれていて、からだを病気や老化から守ってくれるといわれています。

ほかにも、カリウムやカルシウム、マグネシウムといったミネラル成分も多く含まれています。いちどにたくさん食べるのではなく、少しずつでいいので、毎日食べることをめざしましょう。

使い方のポイント

野菜やくだものは、皮と身のあいだに栄養やうま味があるので、できるだけ皮をつけたまま調理するのが原則です。

ごぼうも皮を取ってしまうと、うま味成分だけでなく、ポリフェノールもそれだけ失われてしまいます。ごぼうは土がついた状態で売っていることが多いので、ついつい皮をむきたくなりますが、そこはぐっとこらえて、たわしや包丁の背で汚れをこそげ取る程度にとどめましょう。

アク抜きをするときは、水を張ったボウルに入れますが、長くつける必要はなく、

10秒程度で構いません。茶褐色《ちゃかっしょく》になった水の色はポリフェノールが溶け出したものです。長くつけると、独特の香りやうま味も流れてしまうので、さっと終わらせるようにしましょう。

また、ごぼうはそれだけではメイン食材になりにくい野菜で、単品で使うということがほとんどありません。たいていは、ほかの野菜と合わせて使います。にんじんやブロッコリーなど、ごぼうに不足しているビタミン類が豊富な野菜と合わせるのがおすすめです。

◆泥つきのごぼうは鮮度が長持ち

選ぶときは、根がまっすぐで太すぎないもの、表面に黒ずみや傷《きず》のないものを選びましょう。先がしんなりせず、みずみずしいものが新鮮な証拠です。太すぎると、なかにス（空洞）が入っている場合があるので、気をつけましょう。

洗いごぼうよりも泥つきのもののほうが、風味がよくて、鮮度も長持ちします。ごぼうは乾燥に弱いので、泥つきのものは、そのまま新聞紙で包んで冷暗所で、また洗いごぼうは、ラップなどで包んでビニール袋に入れて野菜室で保存しましょう。

レシピ（2人前）

ごぼうと牛肉の柳川鍋

【材料】

●ごぼう：½本
●牛肉：100g
●長ねぎ：10cm
●卵：2個

A
だし汁：300ml
砂糖：大さじ1
しょうゆ：大さじ3
酒：大さじ3
みりん：大さじ1

【作り方】

① ごぼうはピーラーでささがきにして水にさらす。牛肉はひと口大に切る。
② 長ねぎは小口切りにする。
③ 鍋にAを煮立て、①を加えてアクを取り、5分ほど中火で煮る。
④ 火を弱めて、溶いた卵を回し入れ、②の長ねぎを散らす。

ごぼうと豚肉の煮物

【材料】

- ●ごぼう：1本
- ●にんじん：½本
- ●豚バラ薄切り：100g
- ●しめじ：1パック
- ●糸こんにゃく：1袋

A
- だし汁：200ml
- 砂糖：大さじ1
- しょうゆ：大さじ1
- 酒：大さじ1

【作り方】

① ごぼうとにんじんは乱切り、豚バラは5cm幅に切る。しめじは小房《こぶさ》に分け、糸こんにゃくは食べやすい長さに切る。

② 鍋にごま油を熱し、①を炒《いた》め、Aを入れる。蓋《ふた》をしてごぼうがやわらかくなるまで煮る。

きんぴらごぼう

【材料】

- ●ごぼう：1本
- ●にんじん：⅓本
- ●酒：大さじ3
- ●いりごま：適量
- ●七味唐辛子：適量

A
- 砂糖：大さじ1½
- しょうゆ：大さじ1½
- みりん：大さじ2

【作り方】

① ごぼうとにんじんは、5cm長さの細切りにする。

② フライパンにごま油を熱し、①を炒める。しんなりしてきたら、酒を入れてひと混ぜし、Aを加えてごぼうがやわらかくなるまで煮る。

③ 器に盛り、いりごま、七味唐辛子をかける。

れんこん

食感がよく、意外にも栄養価が高い健康野菜

旬：12月～3月
保存：袋に入れて野菜室

おいしさのポイント

れんこんはおせち料理をはじめ、冬の食卓に欠かせない野菜のひとつです。

そのおいしさは、水分をたっぷり含んだ、しゃきしゃきとした食感にあります。煮物やちらし寿司に使うほか、れんこんのきんぴらや、すりおろしたれんこんを大葉でくるんだ揚げ物もよく作ります。すりおろすことでかさが減り、たっぷり食べることができます。

れんこんはビタミンCが多く、加熱しても壊れにくいという特徴があります。また、食物繊維《しょくもつせんい》が豊富で、ネバネバ成分のムチンが胃腸《いちょう》の働きを助けてくれます。さらに、カリウムやカルシウム、鉄など、ミネラル分にも富んだ栄養価の高い野菜です。

風邪の予防や貧血防止に効果的なので、おいしくたくさん食べましょう。

使い方のポイント

れんこんはアクが強くて、変色しやすい野菜です。切りながら酢水につけていくようにしましょう。こうすると、真っ白に仕上げることができます。

また、調理するときにたいせつなのは、火を通しすぎないことです。れんこんのさくさく感を生かすために、煮るときはあえて鍋の蓋《ふた》をしないようにしましょう。こうすると、煮てもさくさく感が残ります。

選ぶときは、形がふっくら丸みのある寸胴型《ずんどうがた》のものにしましょう。皮や穴の色、切り口もよく見るようにしてください。皮はつやがあってきれいな淡褐色《たんかっしょく》をしているもの、穴や切り口は黒くなっていないものが、新鮮さの目安です。

れんこんは、泥の中で育つ野菜です。そのため、乾燥だけでなく、光や空気に触れるのも嫌います。湿らせた新聞紙やラップで包み、ビニール袋に入れて野菜室で保存しましょう。

レシピ（2人前）

れんこんたっぷり筑前煮

【材料】※たけのこはゆでたものの分量

●れんこん：1節
●にんじん：½本
●ごぼう：½本
●たけのこ：小1本分
●干ししいたけ：4枚
●こんにゃく：½枚
●鶏もも肉：150g
●きぬさや：8枚

A
だし汁：200ml
砂糖：大さじ2
しょうゆ：大さじ2
酒：大さじ2
みりん：大さじ1
干ししいたけ戻し汁：50ml

【作り方】

① れんこん、にんじんは皮をむいて乱切り、ごぼうは乱切りにして水にさらす。たけのこは穂先《ほさき》はくし形切り、根元は1・5cm厚さのいちょう切りにする。干ししいたけは水で戻して、じくを除いて半分に切る。こんにゃくはひと口大に指でちぎり、熱湯でゆでてアクを抜く。鶏もも肉はひと口大に切り、酒少々（分量外）をふりかけておく。

② 鍋にサラダ油を熱し、①を入れて強火で炒《いた》め、Aを入れて中火で煮る。最後にすじを取ったきぬさやを入れる。

れんこんおろしの大葉包み揚げ

【材料】

- れんこん：1節
- 桜エビ：大さじ2
- 片栗粉：大さじ3
- 塩：少々
- 大葉：20枚

【作り方】

① れんこんは、皮をむいてすりおろし、水分を軽く絞る。
② ボウルに①、桜エビ、片栗粉、塩を入れて混ぜ、ひと口大にととのえる。
③ ②を大葉2枚ではさみ、油で揚げる。
④ 好みで、辛子じょうゆや塩を添える。

酢れんこん

【材料】

- れんこん：1節
- 赤唐辛子：少々

A
- 砂糖：大さじ1
- 塩：少々
- 酢：50ml
- 水：小さじ1

【作り方】

① れんこんは皮をむき、薄切りにして酢水（分量外）につける。
② ①を新しい酢水（分量外）で2～3分ゆでる。
③ Aを煮溶《と》かして、冷めたら、②、小口切りにした赤唐辛子を加え、30分くらい置く。

ブロッコリー

栄養価が高く、そのうえ量も食べやすい健康野菜

旬：1月〜3月
保存：袋に入れて野菜室

おいしさのポイント

β-カロテンとビタミンCが豊富な、緑黄色《りょくおうしょく》野菜のブロッコリー。生活習慣病の改善やがん予防に役立つといわれており、積極的に摂《と》りたい野菜です。

ブロッコリーは、味がしっかりしているわりにくせがなく、量を食べやすいのが特徴です。小分けに切って2分くらい蒸したブロッコリーに、ヌクチャムやドレッシングをつけると、シンプルですがたっぷり食べられます。蒸すことで、うま味が凝縮《ぎょうしゅく》され、ブロッコリーの本来のおいしさが引き出されます。

最近は、スティックセニョールという、茎が長くて細い品種も出回ってきました。こちらはさっとゆがいて、サラダや炒《いた》め物などに使います。にんじんなど、色あざやか

な野菜と組み合わせると、いっそう食が進みます。

使い方のポイント

ブロッコリーは、下の茎が枝分かれしている部分で切り分け、頭の部分を小房《こぶさ》に分けて使います。茎の根元の太いところも捨てずに、皮をむき、薄切りにして調理するようにしましょう。

ブロッコリーをおいしく食べるには、火を通しすぎないことがたいせつです。頭の部分は意外に火の通りがよく、ゆですぎるとグズグズになり、せっかくの食感がなくなってしまいます。ゆでる場合、時間の目安は、およそ1分程度です。

選ぶときは、頭の部分が固くしまって、つぼみが開いていないものにしてください。葉がついているものといないものがありますが、味に影響はないので、どちらでも構いません。

また、ブロッコリーは虫のつきやすい野菜なので、よく洗うようにしましょう。小房の部分は、とくに虫が残りやすいので、注意して見てください。

レシピ（2人前）

温野菜の盛り合わせ

【材料】

- ブロッコリー：適量
- カリフラワー：適量
- にんじん：適量
- アスパラガス：適量
- スナップエンドウ：適量

A　しょうゆ：適量
　　すりごま：適量

B　辛子：適量
　　マヨネーズ：適量

C　ゆずこしょう：適量
　　ごま油：適量

※13ページの写真では、オレンジカリフラワーを使っているが、普通のカリフラワーでよい。

【作り方】

① ブロッコリー、カリフラワーは小房に分け、にんじんは5㎝長さに切ってから縦に4等分にする。アスパラガスは5㎝長さに切り、スナップエンドウはすじを取る。

② ①を蒸して器に盛り、A、B、Cをそれぞれ混ぜて作ったタレを添える。

ブロッコリーとベーコンの炒め物

【材料】

●ブロッコリー…小1個
●にんにく…1片
●ベーコン…50g

【作り方】

①ブロッコリーは小房に分け、塩小さじ1（分量外）を入れた熱湯で1分ゆでる。
②にんにくはみじん切りにする。
③ベーコンは5㎜幅に切っておく。
④フライパンにサラダ油と②を入れて熱し、香りが出たら③、①を炒め、塩、こしょうで味をととのえる。

菜時記

❖食べ方不明だったカリフラワー

いまではブロッコリーが主流になっていますが、最初に日本に入ってきたのは、白いカリフラワーのほうです。

結婚した昭和50年ごろ、義母が、「こんな野菜、はじめて見たわ」と言って、カリフラワーを買ってきて、小房に分けずに、丸ごと蒸してしまいました。

むかしは、新しい野菜が登場しても、食べ方は知られていないということがよくありました。

ブロッコリーとはまたちがって、独特《どくとく》の食感のあるカリフラワーも、蒸すと甘味が増して、おいしくなります。

白菜（はくさい）

加熱してたっぷり食べたい、冬の鍋の定番野菜

旬：11月～2月
保存：新聞紙で包んで冷暗所

おいしさのポイント

白菜は水分が多く、あっさりとした味の野菜です。からだを温めてくれるので、とくに冬は積極的に食べたいものです。加熱するとかさが減るだけでなく、そのみずみずしさがいっそう引き立つので、おいしくたっぷり食べられます。

わたしが大好きなのは、白菜と豚肉の蒸し煮です。小さな鍋に白菜と豚肉をぎゅうぎゅう詰《づ》めにして、ほんの少しの調味料を加えて弱火で煮ます。水は加えず、白菜から出た水分で蒸し上げます。くたくたになった白菜がなんともいえないおいしい一品です。白菜は、葉よりもじくの部分に甘味があります。葉だけでなく、じくの部分も大きめに切って入れると、よりおいしく食べられます。

使い方のポイント

鍋や煮物にするときは、大きめに切る白菜ですが、肉や海鮮類と炒《いた》め物にするときは、逆に細く切って使います。火の通りを早くして、なるべく水分が出ないようにすることで、しゃきしゃきとした食感が残り、炒め物がベチャッとなるのを防《ふせ》ぐことができます。

白菜は、ボリュームもあって、いちどには使い切れないことが多いもの。とにかく切り口から鮮度が失われていくので、切ったものを保存するときは、その切り口に空気がふれないよう、ラップをぴったりと張りつけて野菜室に入れましょう。

また、なんといっても、新鮮なものを選ぶことが大切です。鮮度の目安は葉先。黒い点がなく緑色があざやかなものを選びましょう。じくの白い部分に亀裂《きれつ》が入ったものも避けます。

縦半分に切ったものを買うときは、断面の水分が失われていない、きれいな色をしているものにしましょう。茶色く変色したものや、ごわごわと葉が開いて隙間《すきま》の多くなったものは、鮮度の落ちた証拠です。

レシピ（2人前）

野菜たっぷり白菜鍋

【材料】

- 白菜：¼株
- 青菜（せり・春菊・小松菜・豆苗・三つ葉など）：好みで適量
- きのこ（生しいたけ、しめじ、えのきだけなど）：好みで適量
- 糸こんにゃく：1袋
- 豆腐：½丁
- 甘塩タラ：2切
- 鶏もも肉：200g
- カキ：200g
- 大根：5㎝
- 万能ねぎ：½束
- だし昆布：10㎝
- ポン酢：適量
- 七味唐辛子：適量

【作り方】

① 白菜は5㎝幅くらいのざく切り、下のほうはさらに縦半分に切る。青菜は½長さに切り、きのこは小房《こぶさ》に分ける。糸こんにゃくは食べやすい長さに、豆腐は4等分に切る。

②甘塩タラと鶏もも肉はひと口大に切り、カキは塩水で洗う。

③大根はすりおろし、万能ねぎは小口切りにし、薬味皿に入れる。

④土鍋に水（分量外）とだし昆布を入れ、煮立ったらだし昆布を取り出し、②、①を入れて煮る。

⑤火が通ったら、ポン酢、③、七味唐辛子を添える。

※スープが残ったら、ごはん、ねぎ、卵を入れて雑炊《ぞうすい》にしてもよい。

白菜と豚肉の蒸し煮

【材料】

- 白菜：¼株
- しょうが：1片
- 豚バラ薄切り：300g
- 砂糖：大さじ1
- A しょうゆ：大さじ2
  酒：300ml

【作り方】

①白菜は7cmのざく切り、しょうがは千切り、豚バラは7cm長さに切る。

②小さめの鍋に白菜と豚バラを縦に重ねて入れ、ぎゅうぎゅうに詰める。

③砂糖をパラパラとふり入れ、A、しょうがを加えて弱火で30分煮る。

ねぎ

辛味成分がからだを温めてくれる、冬の定番野菜

旬：11月〜3月（長ねぎ）
保存：新聞紙で包んで冷暗所

おいしさのポイント

ねぎは一年じゅう手に入りますが、寒さで甘味を増すため、冬にもっともおいしくなります。「ねぎがないと料理が完成しない」というくらい、どんな料理にでも入れられるのが、この野菜のいいところです。

関東では、白い部分が長い「長ねぎ」が一般的ですが、関西では「青ねぎ（葉ねぎ）」が一般的で、その代表が京野菜のひとつとして知られる九条《くじょう》ねぎです。

また、葉ねぎを若いうちに採《と》ったものが「万能ねぎ」で、10〜12月に旬をむかえる「わけぎ」はねぎと玉ねぎの雑種、1〜2月に旬をむかえる「あさつき」はねぎの変種と、それぞれちがいがあります。

長ねぎの白い部分にある香り成分には、消化をうながしたり、からだを温めたりする作用があるため、健康面からも積極的に摂《と》りたいものです。青ねぎは、緑黄色《りょくおうしょく》野菜で、ビタミンCやEも豊富です。みそ汁や煮物など、少しでもいいので、いろいろな料理に入れて食べるようにしましょう。

長ねぎは、加熱をすると甘味が生まれます。たっぷり食べるには鍋物が一般的ですが、すき焼きもおすすめです。

関東では割下《わりした》ですべての具材をいちどに煮込みますが、関西風は、まず肉だけを焼いて食べてから、野菜やほかの具材を入れて煮ていきます。関西風のほうが、味が濃くならないので、野菜の味がより楽しめるのではと思います。

使い方のポイント

長ねぎは、白い部分の表面がみずみずしく、巻きがしっかりとしたものを選びます。触ってみて、詰《つ》まった感じがするものはいいのですが、ふかふかしたり、内側で巻きがずれる感触があったりするものは避けましょう。保存は、新聞紙で包んで冷暗所で、立てて置いておきましょう。いちど切ったものは、ビニール袋に入れて野菜室で保存します。

◆泥ねぎは、土に埋めたら長持ちする

たいていの長ねぎは根を落とし、外皮をむいて、葉を落とした状態で出荷されています。しかし、収穫して泥がついたまま、根も葉も切り落とさずに出荷された「泥ねぎ」もよく見かけます。泥がついていると乾燥しにくいので、鮮度が保たれて長持ちします。そこで、泥を落とさずに新聞紙で包んで冷暗所で立てて保存しましょう。

生産地や畑のある家では、土の中に斜めに埋めて保存していて、これはプランターでもできるそうです。こうすると、冬に収穫した長ねぎが春までもつくらい、とても長持ちするそうです。

葉ねぎは、緑色があざやかで、横にしても葉先がしなだれずにピンと伸びているものを選びましょう。黄色く枯《か》れていたり、フニャフニャしたりするものは鮮度が落ちてきた証拠です。保存は新聞紙で包み、冷暗所で立てて置きましょう。

レシピ（2人前）

ねぎたっぷりの関西風スキヤキ

【材料】

- 長ねぎ：10本
- 春菊：½束
- しらたき：1袋
- 焼き豆腐：½丁
- 生しいたけ：4枚
- ラード：5㎝角くらい
- 牛肉：600g
- 卵：適量

A
- 砂糖：適量
- しょうゆ：適量
- 酒：適量

【作り方】

① 長ねぎは5〜6㎝の斜め切り、春菊、しらたき、焼き豆腐は食べやすい大きさに切る。生しいたけは石づきを取って、食べやすい大きさに切る。
② 鍋にラードを引いて、牛肉を2枚焼く。Aをかけ、焼きすぎないうちにそのまま食べる。
③ 続いて①、牛肉を入れ、A、水（分量外）で加減しながら煮る。
④ 溶《と》いた卵を添える。

※しめにうどんを入れてもよい。

冬の青菜（ふゆのあおな）

寒くなるほどおいしくなる、栄養価も高い冬の葉物野菜

旬　：12月〜3月
保存：袋に入れて野菜室

おいしさのポイント

冬になると、青菜がいっせいに出回ります。11月には、チンゲンサイや春菊、水菜が、12月には、ほうれん草やせり、小松菜、高菜《たかな》、からし菜、三つ葉、ターツァイが、年が明けた1月には、菜花《なばな》（菜の花）が早くも旬をむかえます。

青菜を食べていないと体調が悪くなりそうな気がするわたしにとっては、待ちに待った季節の到来です。

冬の青菜は、寒さで葉が凍《こお》らないように水分を減らし、糖分をため込むので甘味が増し、ほかの時期にくらべて、栄養価も高まります。

ほうれん草や小松菜など、最近では、年じゅう見られる青菜でも、冬の味は格別

です。ぜひ旬の時期に、たっぷりと食べましょう。

◆応用の効く調理法をおぼえると便利

チンゲンサイは、味にくせがなく、どんな食材とも合わせやすい野菜です。根元のシャリシャリとした食感を楽しめるのも魅力のひとつです。クリーム煮などにしてもおいしいのですが、簡単にできてたっぷり食べられるのは、香りのいいきのこやにんにくを入れた炒《いた》め物です。同じく香りのいいオイスターソースを使うのがポイントです。

この炒め物は、青菜ときのこの種類を変えれば、いくらでもバリエーションができるので、いちどおぼえてしまうと便利です。オイスターソースではなく、大豆から作られるシーズニングソースを使っても、おいしく作れます。

ベーコンなどを入れてもいいのですが、あまり食材を使いすぎると、せっかくの旬の味が消えてしまうので注意しましょう。

ほうれん草は、そのしっかりした味を楽しみたい野菜です。サラダなどに生で使われることもありますが、さっとゆでるとえぐみの強いアクが抜けて、おいしく食べられるようになります。おひたしやごま和《あ》えでシンプルに食べましょう。おひたしやごま和えの味つけは、しょうゆを少なめにするのが、青菜の味を感じるためのたいせつなポイントです。

春菊も味がしっかりしている青菜で、独特《どくとく》の香りの成分は、胃腸《いちょう》の調子をととのえてくれます。ほうれん草とはちがい、アクが強くないので、下ゆでの必要がなく、サラダでもおいしく食べられます。春菊はビタミンCが少なめなので、ドレッシングにレモンを使ったり、ビタミンCの豊富な野菜といっしょに摂《と》ったりしましょう。

◆β-カロテンが豊富なので、油といっしょに摂る

冬の青菜は、どれも栄養価の高い緑黄色《りょくおうしょく》野菜です。葉がそれほど大きくない水菜や三つ葉にも、β-カロテンが豊富に含まれています。β-カロテンは、油といっしょに摂ることで、吸収率が高まります。油を使った炒め物や、ごま和えにするのは、栄養面からも効果的な食べ方といえます。

ほかにも、冬の青菜は、ビタミンBやCなどのビタミン類やミネラルを多く含みます。高菜や水菜にとくに多いビタミンCは、熱に弱いので生で食べるか、火を通す場

合でも調理時間は短く済ませましょう。

使い方のポイント

冬の青菜のなかでも、ほうれん草は火の通りのいい野菜です。ゆですぎると栄養分が溶《と》け出してしまうので、さっとゆがく程度にしましょう。根元の部分に甘味と栄養が詰《つ》まっているので、赤い部分はひげだけを取り、丸ごと使います。

冬の青菜を選ぶときは、葉の緑色があざやかで、葉も茎もみずみずしいものにしましょう。チンゲンサイや高菜、ターツァイは、茎が肉厚でしっかりしたものがいいのですが、それ以外は、茎が太くなりすぎていないものを選びましょう。

乾燥に弱いので、新聞紙で包んでビニール袋に入れ、野菜室に立てて入れますが、すぐにしおれてしまいます。少しだけ残すくらいなら、白和《しらあ》えなど少量でもその色あざやかさが生かせる一品で、使い切ってしまいましょう。

鮮度が落ちた青菜は、おいしくありません。買ってきたらすぐに水に入れ、葉先までピンとさせてから調理しましょう。そのひと手間で、ぐんとおいしくなります。

レシピ（2人前）

ほうれん草のごま和え

【材料】

●ほうれん草：1束

A｛しょうゆ：適量
すりごま：適量｝

【作り方】

① ほうれん草は、熱湯で2〜3分ゆで、冷水で洗い水気をよく絞る。

② ①を食べやすい大きさに切り、Aで和える。

青菜のにんにく炒め

【材料】

●好みの青菜：1把

●にんにく：1片

●レモン：1/4個

A｛塩：適量
こしょう：適量
シーズニングソース：小さじ1｝

【作り方】

① 青菜はざく切り、にんにくは包丁でたたいてみじん切りにする。

② フライパンににんにくとサラダ油を入れて熱し、香りが出たら青菜を入れて強火で炒め、Aで味をつける。

③ 器に盛り、レモンを添える。

※シーズニングソースがない場合は、濃い口しょうゆでもよい。

※好みでチリソースをかけ、千切りにした大葉、砕いたピーナッツを散らしてもよい。

小松菜と油揚げの煮物

【材料】
- 小松菜：1把
- 油揚げ：1枚
- 卵：1個

A
だし汁：200ml
しょうゆ：大さじ1
塩：ひとつまみ
酒：大さじ1
みりん：大さじ1

【作り方】
① 小松菜はざく切り、油揚げは油抜きしてから縦半分に切り、8mm幅に切る。
② 鍋にサラダ油を入れて小松菜をさっと炒め、油揚げ、Aを入れて煮る。
③ 小松菜が煮えたら、溶《と》いた卵を周りから入れる。

チンゲンサイのオイスターソース炒め

【材料】
- チンゲンサイ：2株
- エリンギ：1本
- にんにく：1片

A
酒：大さじ1
オイスターソース：大さじ1
片栗粉：大さじ1
鶏がらスープ：40ml

【作り方】
① チンゲンサイは葉とじくに分け、じくは縦半分に切る。エリンギは薄切り、にんにくはみじん切りにし、Aは混ぜておく。
② フライパンににんにくとサラダ油を入れて熱し、香りが出たら、①のじく、続いてエリンギ、葉を入れて炒める。火が通ったらAを入れて、全体にからめる。

〈おわりに〉

野菜は、からだも心も元気にしてくれる！

「あぁ、やっぱりダメか～！」開店直後に受けた、野菜ソムリエの試験——わたしの結果は不合格でした。生まれてはじめてのマークシート、周りは若い人ばかりという緊張もありましたが、試験勉強をきちんとできていなかったのですから当然です。でも、あきらめるつもりは、まったくありませんでした。

20代のころはデザイナーをめざし、名古屋の栄《さかえ》でオートクチュールのデザイナーの助手をしていましたが、結婚で断念。陶芸《とうげい》に出合って画廊《がろう》のオーナーにあこがれたこともありましたが、育児でそれも断念。花屋さんをやりたくて15年間フラワーアレンジメントを学びましたが、これも夫の仕事がいそがしくて断念。これ以上、同じ思いをくり返したくはなかったのです。

◆追試での合格をめざして猛勉強

そんなわたしを支えてくれたのは、家族や友だち、そして野菜です。わたしは、野菜を食べていないと体調が悪くなる、というくらいの野菜好きです。野菜に触れているだけで元気が出てきます。むかしにくらべて食は細くなりましたが、歳を重ねるにつれて、野菜を食べる量は増えています。大病をすることなくこの歳を迎えられているのは、野菜のおかげだとも思っています。

野菜は、からだにも心にもよい。そのおいしさを伝えることができればとめざした資格です。〝Veggie（ベジー）〟の開店後もめまぐるしい日々の連続でしたが、野菜に囲まれたなかで改めて勉強をし直し、無事、追試で合格することができました。

好きではじめたことですが、野菜ソムリエになって店を開くというのは、ある意味、野菜への恩返しだったのかもしれません。

◆おいしい野菜を、シンプルに味わう

おかげさまで、〝Veggie〟には、野菜好きのお客さんがたくさん来てくれます。「友だちの家で食べているみたい」などと言っていただけるのは、長く主婦をしてきた身には、うれしいかぎりです。むかしから、わたしは凝《こ》った料理は作っていませんでした。〝シンプルな調理法と薄めの味つけで、素材の味を楽しむ〟これが、主婦生活から学んだ、おいしい家庭料理の秘訣《ひけつ》です。

また、旬の野菜を使うのも、たいせつなことだと思います。わた

しは、魚介類や果物と同じように、「もうすぐたけのこの時期だな」と、旬の野菜が出回るのを楽しみに過ごしています。おいしくて安いのですから、旬の野菜には文句のつけようがありません。

野菜が皮まで使えるように、人生にも無駄なものなどありません。どんな経験でも、のちのち役に立ちます。わたしは61歳から店をはじめましたが、みなさんも、何歳からでも、どんなことにでも挑戦してみてください。野菜だって、毎食たっぷり摂《と》ることはむずかしいかもしれません。でも、少しでも食べれば、それはかならず、からだにも心にも届きます！

最後になりましたが、いつもわたしを支えてくださる方々、この本を手にとってくださった皆さまに感謝申し上げます。


野菜ソムリエの店〝Veggie〟オーナーシェフ　大熊美佐子

◆野菜ソムリエの店〝Veggie（ベジー）〞

〝Veggie〞では、愛知県稲沢市の大澤政春さんや山梨県北杜市の足立農園さんが育てた、無農薬・露地栽培の野菜をはじめ、おいしい野菜をたっぷり使った料理をお出ししています。

小さな店ですので、ご来店の際は、ご予約いただいたほうが確実です。貸し切りの場合もありますので、ウェブサイトで営業カレンダーをご確認ください。

心温まる料理で、お待ちしております。

【営業時間】 17時30分～22時30分
お食事のラストオーダー 21時30分
ドリンクラストオーダー 22時00分
【定休日】 日曜・祝日
【電話番号】 03－3563－8310
【住所】 東京都中央区銀座1丁目23－2－1F
【URL】 http://www.go-veggie.net/
【座席】 13席（全席禁煙）
【店舗マップ】

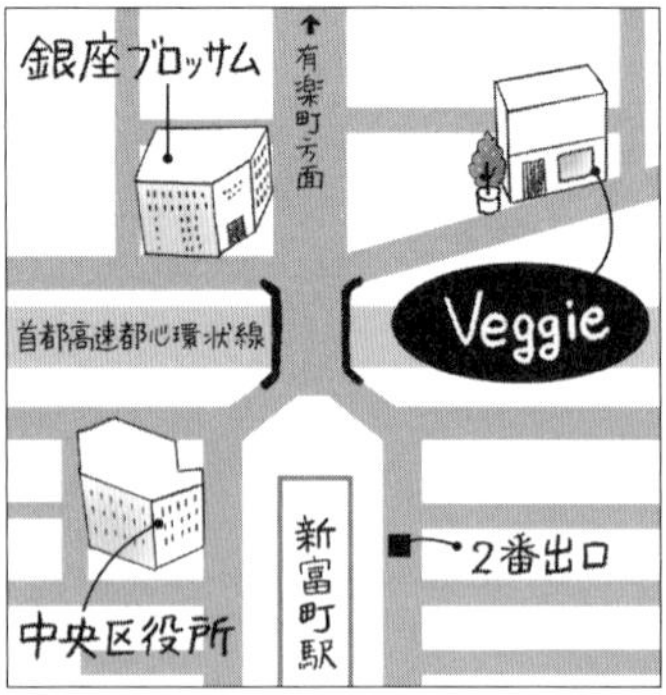

▶東京メトロ有楽町線
新富町駅2番出口より徒歩3分
銀座1丁目駅10番出口より徒歩7分
▶東京メトロ日比谷線
東銀座駅A7番出口より徒歩7分
築地駅4番出口より徒歩7分
▶都営地下鉄浅草線
東銀座駅A7番出口より徒歩7分
▶JR山手線・京浜東北線
有楽町駅京橋口より徒歩12分

■著者　大熊 美佐子（おおくま・みさこ）

野菜ソムリエの店『Veggie（ベジー）』オーナーシェフ。野菜ソムリエ。愛知県生まれ、結婚を機に東京に移り、10人家族の主婦となる。60歳でベトナム料理に出合い、61歳で銀座に『Veggie』を開店。無農薬・露地栽培の野菜を中心に、野菜がたっぷり食べられるアットホームな店として評判になり、全国からお客さんが集まる。

●編集・構成　造事務所

1985年設立の企画・編集会社。編著となる単行本は年間30数冊。編集物に、『野菜ソムリエが作った シリコンスチーマーヘルシーレシピ』『圧力鍋ですぐできる、おいしい毎日のおかず』（以上、三才ブックス）、『味つけに差がつく！ 基本のたれ57』（PHP研究所）などがある。

●協力　Yukiyo

栄養士。酵素料理研究家。おもな著書に、『かわいいタジン鍋 野菜たっぷりヘルシーレシピ78』（三才ブックス）、『病気知らずの体を作る 発酵食品のレシピ』（宝島社）などがある。http://www.yukiyo.com

ミサコばあちゃん直伝！
旬の野菜 カンタン・おいしく食べるコツ

2013年3月10日　初版印刷
2013年3月20日　初版発行

著　　者　大熊《おおくま》美《み》佐《さ》子《こ》
編集・構成　株式会社造事務所
発 行 者　皆木和義
発 行 所　株式会社東京堂出版
〒101-0051　東京都千代田区神田神保町1-17
電話（03）3233-3741
振替　00130-7-270
http://www.tokyodoshuppan.com/

印刷・製本　図書印刷株式会社

ISBN978-4-490-20819-1 C2077